现代农村经济与管理研究

庞　阳◎著

中国原子能出版社

图书在版编目（CIP）数据

现代农村经济与管理研究 / 庞阳著 . -- 北京 ：中国原子能出版社， 2022.11
ISBN 978-7-5221-2265-6

Ⅰ．①现… Ⅱ．①庞… Ⅲ．①农村经济－经济管理－研究－中国 Ⅳ．①F32

中国版本图书馆CIP数据核字（2022）第 207755 号

现代农村经济与管理研究

出版发行	中国原子能出版社（北京市海淀区阜成路 43 号 100048）
责任编辑	张 磊 杨晓宇
责任印制	赵 明
印 刷	北京天恒嘉业印刷有限公司
经 销	全国新华书店
开 本	787 mm×1092 mm 1/16
印 张	12.75
字 数	228 千字
版 次	2022 年 11 月第 1 版 2022 年 11 月第 1 次印刷
书 号	ISBN 978-7-5221-2265-6 定 价 72.00 元

作者简介

庞　阳，男，1986年3月出生，山东聊城人，吉林大学马克思主义学院博士研究生，在读期间主要研究《资本论》中的农业地租理论等。第二批国家级职业教育教师教学创新团队、山东省高校黄大年式教师团队骨干成员。主要从事马克思主义政治经济学（《资本论》）、思想政治教育等相关研究工作，曾在《人民日报》等报刊发表文章十余篇，主持、参与国家级职业教育教师教学创新团队课题、山东省社科规划课题、山东省省级教学改革研究项目、山东省德育课题、青岛市双百课题等研究项目十余项，获省级教学成果奖一项。

前　言

　　现代农村经济管理是以市场需求为导向、以国家经济手段使用状况等外在宏观环境和区域现实内部环境为基础，科学合理地确定经济发展目标相关环节（主要由生产、分配、交换和消费组成）的一系列有组织的经济活动。对更好建设新农村、盘活农村经济，并落实好具体的实践工作有着重要的现实意义。

　　中国市场经济的发展促进了农村居民生活水平的提高，在此过程中，"三农"问题逐渐受到全社会的普遍关注，已经成为农村经济管理的焦点，现代农村经济管理工作已经逐渐成为有关部门重点关注的一项工作。农业、农村与农民统称为"三农"，想要真正彻底地解决好"三农"问题，就必须尽快实现我国现代农村经济快速健康发展，同时也需要一步一个脚印地解决制约现代农村经济发展中的诸多问题，厘清现代农村经济管理中的核心要素。唯有如此，现代农村经济才能真正得到持续、健康、快速的发展。现代农村经济管理工作的基本目标是增加农村居民收入，促进经济水平的提升，进而完美达成农业综合效益提升的目标。

　　全书共分为五大章节。第一章为农村经济与管理概述，包括农村与农村经济、农村经济管理的概念与特点、农村经济管理的原则与方法、农村经济管理的体制。第二章为农村经济管理分类，阐述了农村经济组织管理、农村劳务经济管理、乡镇企业经营管理、农业承包合同管理、农业产业部门管理、农业产业化经营管理。第三章介绍了农村集体经济发展机制，包括农村集体经济发展的历史溯源、农村集体经济发展机制的理论依据、现代农村集体经济发展机制、现代农村集体经济发展机制的实施路径。第四章为现代农业生产经营，分别从现代农业的概述、现代职业农民的培育、现代农业经营主体、现代农产品质量安全与市场营销、现代农村经济管理中的生产要素管理五个方面进行阐述。最后一章是现代农村经济与管理的发展，包括现代农村经济管理发展的现状、现代农村经济管理发展的对策、现代农村经济产业融合发展的服务支撑。

在撰写本书的过程中，作者得到了许多专家学者的帮助和指导，参考了大量的学术文献，在此表示真诚的感谢。本书内容系统全面，论述条理清晰、深入浅出，但由于作者水平有限，书中难免会有疏漏之处，希望广大同行批评指正。

作者

目　录

第一章　农村经济与管理概述

本章为农村经济与管理概述，主要介绍了四个方面的内容，分别是农村与农村经济、农村经济管理的概念与特点、农村经济管理的原则与方法、农村经济管理的体制。

第一节　农村与农村经济

一、农村

（一）农村的含义与特征

1.农村的含义

农村是由农民、农户组成的，以经营农业为主、有特殊生产方式的社区。农村的提法是相对于城镇而言的。对农民概念的理解，应抓住三个要点。

（1）农村的主体成分是农民。

（2）农村主导产业是农业。

（3）农村是特定的区域。

2.农村的特征

（1）以农为主，以农业生产方式为基础，这是我国农村最基本的特征。

（2）人口密度较低，素质相对较差。由于农业生产的特点是利用广阔的土地和太阳能，所以农村人口的密度一般比城市小。在一定的历史阶段，人们社会交往较少，信息封闭，农民安居乐土，不易流动。农业生产风险较大，劳动效益较低，收入不高，影响了农民素质的提高。在城乡差别存在的情况下，农村人口流入城镇又成为普遍现象。

（3）地缘、血缘关系明显。这一特征是由农村的传统生产方式、文化习俗、居住习惯和生活方式决定的，农村的社会行为、伦理观念带有一定的血缘与地缘关系特征。家族观念、感情因素往往起到重要作用，这将影响农村社会主义市场经济的发展。

（4）地域特征。农村是个地域概念，主要有两种含义：一是农村地域辽阔；二是不同地域的农村，其社会经济发展状况有一定差异。

（二）农村的类型

1. 按历史进程划分

由于历史、社会、经济及自然条件等原因，农村的发展进程很不平衡，因此，目前农村并存着三种不同的类型。

（1）原始型

主要从事农业生产，生产方式原始落后，缺乏资金、技术和人才。有的生产方式还是刀耕火种，生产落后，生活贫困。

（2）传统型

在农业经济发展的基础上，以传统生产方式为主，乡村工业、商业、运输业、服务业已开始起步，商品经济发展加快。

（3）现代型

现代工业、第三产业发展迅速。在农村社会总产值中，工业所占比重较大。工副业收入成为农民收入的主要来源，如我国沿海、沿江等经济发达地区。

2. 按地理位置划分

根据地理位置，农村可以划分为平原、滨湖、沿海、山村等社区。一般来说，平原、滨湖、沿海的农村，人口密度极大，土地肥沃，各种产业比较发达，社会比较开放，社会流动性较大，社区变迁速度快，而山区农村相对比较落后。

3. 按产业不同划分

根据人们从事的主要产业不同，农村可以划分为农区、牧区、渔区、林区、矿区等。农区主要从事传统的种植业及饲养业，牧区以畜牧业生产为主，渔区指渔业产销集中的地区。

（三）农村的组织机构

农村是社会整体的重要组成部分，依据国家宪法和有关法律，建立各种社会组织机构，保证农村社会经济生活的有序发展。农村经济管理工作，必须通过这些组织机构才能有效地进行。

1. 政治组织

指政权组织和政党组织。目前，乡、镇人民代表大会是这一级政权的最高权力机构，具体执行机构是乡（镇）人民政府。同级的还有人民法庭、公安派出所等政治组织。乡（镇）政权组织是我国农村的最基层组织。乡（镇）以下的村（屯）是群众性自治组织，不是一级政府。

在同一级乡（镇）设中国共产党的委员会，在有些地方还有乡（镇）政府派出机构，如管理区、办事处等，这一级设有中国共产党的总支委员会，在村级则设有党支部，较大的村设党总支。我国的少数乡（镇）还有民主党派组织。基层党支部是农村基层组织建设的重点。

2. 居民自治组织

村民委员会是我国农村居民的自治组织，能够团结广大人民群众，在无产阶级政党和社会主义国家的领导下，进行自我教育、自我管理、自我服务，办理本村公共事务和公益事业，调解民事纠纷，协助维护社会治安，促进乡村基层社会主义民主和社会主义物质文明、精神文明建设。村民委员会承担着政治事务、经济事务和社会事务。目前，村民委员会建设也是农村组织建设的一个重点。

3. 群团组织

农村基层的群团组织主要有共青团、妇联、工会以及各种协会，这些组织在党政领导下，团结教育一定阶层或群体的居民共同实现政治经济目标，维护各群体的合法权益。

4.经济组织

乡镇企业是改革开放以后蓬勃发展起来的工业经济组织。此外还有商业、运输、建设、服务等第三产业的经济组织。

随着商品经济的不断发展，多种形式的乡村经济组织还将不断发展，尤其是农民群众互助合作组织，比如农村合作基金会、各种专业技术互助协会等。在农村社区这些组织在农村经济的发展中具有重要作用。

5.事业性组织

随着经济的发展和社会进步，农村各种事业性组织将不断发展壮大，主要有文化馆、广播站、图书馆、俱乐部、体育队、中小学、敬老院、技术推广站等等。这些事业性组织，对加强农村的精神文明建设、提高农民群众素质、保障人民健康和正常生活等具有重要作用。

在农村，除了上述正式组织外，还存在着并非由政府和法令规定，而是由成员在社会活动中形成和发展起来的非正式组织，如民办学校、文艺、体育以及各种形式的经济联合体，这些非正式组织具有较强的群众性、适应性及灵活性，对补充正式组织的社会功能有积极意义。但在实际工作中，对某些非正式组织的社会行为应加以引导、控制和防范。

二、农村经济

（一）农村经济的内容与特点

1.农村经济的内容

农村经济是农村中的经济关系和社会关系的总称，包括农、林、牧、副、渔、工、商、运、建、服等所有经济部门或行业。

2.农村经济的特点

（1）各地经济发展不平衡，东部比较发达，西部比较落后。

（2）农业劳动力数量多，素质差。

（3）农村生态环境保护任重道远。

（4）土地、资本、科技等资源不足，其他自然资源条件较差。

（二）农村经济的类型

1. 国有农业

国有企业是生产资料属于国家所有的经济类型，它是我国社会主义公有制经济中最主要的组成部分。主要是指由中央及地方各级国家机关、事业单位、社会团体通过使用国有资产投资农业领域的企业，如国有农场、林场、牧场、茶场、渔场及其他农业事业性单位。

2. 私营农业

私营企业是生产资料属于公民私人所有并建立在雇佣劳动基础之上的经济类型，包括所有按国家法律法规登记注册的私营独资农业、私营合伙农业和私营有限责任制农业单位。

3. 个体农业

个体农业是生产资料由劳动者个人所有并建立在个体劳动基础上，劳动成果由劳动者个人所有并受劳动者个人支配的农业经济。

4. 联营农业

联营农业是由不同所有制或企业、事业单位联合投资，形成新型农业经济实体的经济类型。联营经济仅由具有法人条件的紧密型联营企业组成。

5. 股份制农业或股份合作制农业

股份制农业或者股份合作制农业是指所有注册资本都由所有股东出资，通过股份方式进行投资和组织的经济类型。股份制经济的组织形式分为股份有限公司与有限责任公司。股份合作制农业是股份制与合作制相结合的一种经济类型。

（三）农村经济的发展历程

"农村经济的发展是农村减贫的基础"[1]，我国农村经济经过多年的发展已取得了辉煌的成就。系统梳理我国农村经济发展历程，可分为三个阶段：农村经营

---

[1]　陆向军. 安徽农村普惠金融发展研究报告 [M]. 合肥：合肥工业大学出版社，2017.

体制改革发轫期、农村经济全面发展期和农村经济全面深化期。当前我国农村经济发展面临农村产业形式单一、农村人才流失、传统思维观念束缚的困境，基于乡村振兴战略视角，针对性提出创新产业发展模式、优化农村产业结构、进一步加强农村人才队伍建设、摆脱传统思维观念的桎梏等对策，以期为我国农村经济发展提供借鉴。

中华人民共和国成立之后，中国农村经济历经多年发展，取得了较为突出的成就。由进行农村土地改革转向社会主义新农村建设，由脱贫攻坚转向全面实施乡村振兴战略，一系列农村经济政策与改革建设创举在很大程度上促进农村经济向更加优质的方向迈进。要想发展农村经济，就需要坚持进行农村经济的改革，农村经济改革进程体现着农村经济制度的发展和演进。因此，农村经济制度的更新和完善进程已经成为农村经济发展中的一个核心问题。分析中国农村经济发展过程需要重点研究农村经济改革与农村经济制度。其中，要想对农村经济改革及农村经济制度进行深入的探索与研究，就需要对农村经济发展过程进行一个系统的回顾，换句话说，农村经济发展的过程，直接体现了人们对我国这些年来农村经济发展工作的思考。乡村振兴战略下的中国农村经济迎来了许多机遇，也遇到了许多挑战，对中国农村经济发展过程中存在的得与失进行系统评述，对探索农村经济今后的发展方向、推动农村经济高质量发展、推进农村新经济制度变迁有着较为重要的作用。

在党的十一届三中全会，政府正式提出中国改革重点是农村，这些年来，无论从国家层面还是从地方层面出发，农村一系列经济政策及农村改革制度都在很大程度上促进了中国农村经济的发展，它不但对中国农村经济发展的形势和广大农民的利益产生了深刻且深远的影响，而且也深刻地影响到了国家的经济发展。可以这样认为，中国农村政策的演进过程是农村经济、农民利益持续发展、不断完善的过程，也是中国经济从高速增长到高质量发展的历程。下面我们将通过对中国农村经济发展过程进行系统梳理，在现有农村经济发展政策与农村经济改革举措的基础上，把改革开放以来中国农村经济发展进程划分为三个时期，主要内容如下。

1. 农村经营体制改革发轫期

1978 年 12 月的《解放思想，实事求是，团结一致向前看》这篇文章，为城乡经济体制改革确立了基本思路。之后伴随着农村经济改革不断向前发展，大力发展农村生产力、放宽政策、激发农民生产积极性已逐步发展为这一时期改革的主要内容。对此，政府主要在两方面努力增加农村居民经济收入，一是采取提高农产品收购价格、降低生产资料价格等措施，二是建立并完善农业生产责任制。

后来为了较好地调整农民和集体之间的关系，农村经济政策也开始向农民提供实惠，不仅极大限度地调动了他们的生产积极性，也使农村生产力得到很大的解放，推动农村经济出现了爆发式的增长。但是这一农村经济发展模式后期也表现出局限性，表现为农村集体发展空间受限、承包费用受限等问题，极大地制约着农村集体经济发展。

伴随着人们对中国经济结构了解的逐步加深和农村经济发展形势的日趋严峻，工业开始在农村经济中逐步崛起。由于国家宏观经济政策和农村工业发展的不相适应以及农村集体经济政策的不清晰，这一阶段农村经济发展中也出现了很多新矛盾，如国家对于农村经济发展政策不断进行调整，使得农村经济增长呈波动态势，再加上城乡二元结构在形成之后，逐渐使得城乡发展脱节，使得城乡居民收入差距也在不断扩大。

2. 农村经济全面发展期

1993 年，国家颁布土地政策，延长了农村耕地承包期限，这一措施大大推动了农村经济发展，激发了广大农民的生产积极性。2002 年颁布了《农村土地承包法》，标志着农村土地承包已经逐步实现法治化。并且，2002 年党的十六大正式提出全面促进农村经济发展和加快推进城镇化的目标，由此就能够更好地强化中国农业基础地位并促进农业和农村经济结构调整。

2004 至 2006 年间，国家逐渐全面废除了延续两千多年之久的农业税制度，这一政策不仅大大减轻了农民的生活压力，还有助于更好地落实工业反哺农业和城市支持农村等政策，对我国农业和农村资源优化配置具有极大的正向作用，还对推动城乡关系朝着更全面、更协调、更可持续的方向发展具有十分重要的意义。

我国于 2006 年正式提出了建设社会主义新农村的目标,标志着中国经济社会发展进入了以城带乡新阶段。这期间城镇化的迅速推进在高效带动农村工业发展的同时,也导致农业相对弱化和农村剩余劳动力由农业转向工业,进而导致城乡居民收入差距的逐步拉大和农村经济发展进程的显著放缓。

在这之后,政府为了解决农村经济发展中出现的问题,在促进社会主义新农村建设和保持农业稳定发展等方面逐渐构建起一系列的制度框架,但是由于城乡二元体系的形成,城乡矛盾愈演愈烈。这一阶段农村经济的发展更注重解决人地矛盾,特别是城乡统筹发展的问题。

3. 农村经济全面深化期

2012 年,农业科技创新发展已经成为推动中国农村经济发展最主要的途径,特别是在国家层面大力推动农业和农村现代化发展,这表明中国农村现代化发展已经发展到了一个崭新的阶段。并且,在 2012 年,脱贫攻坚正式启动,这也是我国摆脱绝对贫困,有效促进农村经济社会发展,振兴农村经济所必须采取的一项重大措施,更是实现美丽中国,落实乡村振兴战略不可或缺的路径与根本性的保障。

2017 年,国家明确指出未来一段时间内必须以进一步推进供给侧结构性改革为重点工作来解决"三农"问题,并且在 2017 年,乡村振兴战略中也提出了城乡之间必须融合发展才能全面振兴乡村。各项刺激农村经济发展的政策也在之后的几年里一一出台,以便进一步加快农业农村发展的现代化脚步,并增强农村发展活力。在"十三五"期间,易地脱贫搬迁建设工作获得圆满成功,乡村振兴已经全面启动。

"十四五"期间,全面实施乡村振兴,按照"产业兴旺、生态宜居、乡风文明、治理有效、生活富裕"二十字方针,从政策保障、机构设置、组织优势、职能转变、技术支撑、文化建设和项目评估七个方面确保全面实施乡村振兴的开展。要强化党对"三农"工作的完全领导,就需要始终坚持把农业和农村的发展放在优先位置,把农业现代化和农村现代化作为一个整体进行设计,共同推进建设进度,农业供给侧结构性改革需要进一步深化，城乡融合发展制度也应当在此过程中做到进一步完善，确保新型工农城乡关系加速形成，推动农业高质高效发展，实现农村宜居宜业的目标，引领农民致富奔小康。

（四）农村经济工作

农村经济工作是整个农村工作的主体，是农村工作的核心部分。自从我们党把全面推进乡村振兴作为当前阶段的最主要任务，以及进一步推进农业农村现代化的快速发展与"三农"开创发展新局面时，农村经济工作的重要地位更加凸显出来。做好农村经济工作，对每个农村经济工作者来说，必须首先要明确农村经济工作的特点、目标和任务。

1. 农村经济工作的特点

农村经济工作的目标和任务与农村经济工作的特点联系在一起的，因此，要想明确农村经济工作的目标和任务，就必须清楚地把握农村经济工作的特点。与其他经济工作相比，农村经济工作的特点包括以下几方面。

（1）内容的多样性

农村经济工作内容丰富，特别是改革开放以后，农村经济工作全面开展，不仅农业经济繁荣兴旺，而且农村的第二、第三产业也异军突起，每个产业内部又有着丰富的经济内容。从农业经济来看，农业已打破了原有的"以粮为纲"的单一种植业结构的格局，出现了农林牧副渔全面发展的可喜局面。而在农林牧副渔各业内部，也在朝着多种经营的方向发展。对种植业来说，除了粮食作物之外，又扩大了油料作物、糖料作物、纤维作物等经济作物种植面积。此外，畜牧业占农业总产值的比重迅速增加，畜牧业内部的畜种结构也以较快的速度进行着调整。

从农村的第二、第三产业来看，乡镇企业发展迅速，工、商、建、运、服各领域都活跃着农村乡镇企业。农业生产结构和农村产业结构的调整，使农村经济工作的内容丰富多彩，呈现了多样性的特征。

农村经济工作内容的多样性，反映了农业的特征和农村分工分业发展的要求。农业是一个以土地作为基本生产资料的物质生产部门，土地资源也具有多样性的特征。例如，有的土地适于种玉米，有的适于种水稻，有的适于种葵花，因地制宜，从而增强了农业生产活动内容的丰富性。从分工分业的发展规律来看，农业人口中的一部分脱离土地，转向工业和商业，农业人口比重不断下降，工商业人口比重则呈不断增长的趋势。由于我国人口众多，农业劳动力转移主要以就地转移为基本途径，特别是在农业现代化和农村工业化发展的初期，更是如此。因此，农村经济活动无论从宏观经济活动范围来看，还是从一村或一乡的微观经济活动范围来看，都包含着丰富的产业内容，不仅农业内部要实现农林牧副渔全面发展，而且工业和商业将在农村这块土地上开拓出更加广阔的活动空间。

农村经济工作内容的多样性，既是农村经济现状的反映，又是农村经济发展的要求。因此，在客观上必然对广大农村经济工作干部提出两个方面的要求。一方面，为了更好地完成农村经济工作，必须要适应农村经济工作内容的多样性；另一方面，为了促进农村经济的繁荣，必须通过自己的努力，不断增强农村经济工作内容的多样性。就前者而言，要求农村经济工作干部不仅要精于农业，同时还要关注工业和商业的发展动态，要满足经济发展本身提出的更新知识的要求，适应农村分工分业发展的需要，以胜任农村经济工作。对于后者，农村经济活动内容的多样性，一定程度上是衡量一个地区、一个单位经济发达程度的标准，多样性反映了多种经营和第三产业的发达程度，因此，每个农村干部都应在努力适应农村经济工作内容多样性的基础上，进一步强化这种特征。

（2）对象的大量性和分散性

农业经济是整个农村经济的基础，由于农业生产的特殊性，农村经济组织方式与其他部门相比有一些明显的特征。特别是农村实行"双层经营"体制后，农户成为相对独立的经营单位，农业再生产活动基本以农户为单位进行，农户已成为经营和投资的主体，这就使农村经济工作表现出主体对象的大量性和分散性的特征。

农村经济活动的主体对象是广大农民。因此，主体对象具有大量性的特征。由于农业生产必须以土地为基本生产资料，农民分散在广阔的土地上，不像城镇居民那样有较高的集中度。每个村级集体经济组织，都由若干个自然村落组成，每个农户都是相对独立的经营单位。广大农民作为农村经济工作的主体对象所表现出的这种分散性的特征，决定了农村集体经济组织的组织化程度必然较低，而且农村经济活动的组织方式也完全不同于城市工商企业，从而使农村经济工作表现出自身固有的规律。农村干部必须根据这一特征，来选择经济活动的组织方式和为农民服务的方式，以促进农村市场经济更快更好地向前发展。

（3）艰苦性

农业活动对大自然的依赖程度较高，农村工作与风霜雨雪为伍，工作环境较为恶劣。农村干部常常是风里来雨里去，晴天一身汗，雨天一身泥。由于分散经营，工作的对象多而分散，要为农民提供各种经济技术服务，势必有相当大的工作量。遇到洪涝灾害和其他自然灾害，干部又要身先士卒地战斗在抗灾第一线。

农村干部组织和指导农村第二和第三产业的经济活动时，肩负的担子也很沉重。将农业劳动力从土地上转移出来，发展第二、第三产业，面临着资金、技术、人才等诸方面的困难。这是一个艰苦的创业过程，每走一步都要付出许多汗水和心血，因此可以说农村干部的工作是相当艰苦的。

农村经济工作的艰苦性，要求广大农村干部必须有吃苦耐劳的奉献精神，坚定全心全意为广大农民服务的思想，努力做好农村经济工作。

2. 农村经济工作的目标

农村经济工作的目标是农村经济工作的行为指南，目标正确与否，直接关系到经济工作的成败。合理地确定经济活动的目标，对于促进经济有计划地发展，提高经济效益，调动劳动者的生产积极性，都具有十分重要的意义。

所谓农村经济工作目标，是指在一定时期内农村经济工作想要达到的某种境界或标准。

农村经济工作目标和其他目标一样，具有以下三个特征。首先，目标具有时间性。一定的经济目标总是和一定的时间阶段相联系的，如果不规定时间阶段，就无从考察目标的可行性、科学性和存在的价值。例如，在确定某一目标前，要首先，明确在什么时间阶段内想要得到一种什么样的结果。其次，目标具有层次性。一个总目标就是一个目标系统，下面又分为若干个子系统，形成若干目标层次，即有大目标和小目标、最终目标和中间目标之分。最后，目标具有数量的规定性。这种数量规定的是目标的水平，它表示农村经济目标状态与现实状态的差异程度。差异程度越大，意味着目标水平越高，实现目标的难度就越大；差异程度越小，意味着目标水平越低，实现目标的难度就越小。这种数量的规定性通过具体的数量指标来反映，例如农民人均纯收入、粮食总产量、农村社会总产值等等。

根据不同的标准，可对农村经济工作目标进行分类。按照目标实现的时间划分，可分为远景目标、长期目标、中期目标、短期目标。30年甚至50年的经济奋斗目标，可以称之为超长期目标或远景目标。长期目标时限较长，一般为10年，即两个经济计划期的时间。中期目标是根据长期目标所确定的分阶段目标，时限一般为5年，即一个计划期的时间。短期目标时限较短，一般为1年，即年度工作目标。短期目标是中期目标的阶段目标。

一般来说，目标时限越长，目标内容越笼统，目标层次越高；目标时限越短，目标内容越具体，目标层次越低。按照目标的内容分，可分为总体目标和分项目标。总体目标的内容较为笼统，它是对分项内容的高度概括。分项目标是对总体目标的具体分解，分项目标是由总体目标决定的。按照目标的覆盖范围划分，可以分为宏观经济目标、中观经济目标和微观经济目标。宏观经济目标覆盖面最宽，是指一个国家政府为促进全国经济发展所制定的目标。中观经济目标也可以称为区域经济目标，一般指省、市、县等各级政府对本区域经济发展所提出的目标。微观经济目标是指企业或经济组织对本单位提出的目标。宏观经济目标是中观经济目标和微观经济目标的基础，二者要服从宏观经济目标，在其指导下制定。

经济工作目标是主观的产物，但它必须反映客观经济规律。因此，经济工作目标的可靠程度反映了主观对客观的认识程度。为了使经济工作目标制定得科学合理，一般来说应遵循以下原则。

（1）可行性原则

可行性是经济工作目标的核心原则。确定经济工作目标时，既要考虑主观需要，又要考虑客观上实现的可能性，使主观愿望与客观条件相适应。任何事物的发展，都有自身固有的规律，人们只能科学地认识规律，因势利导，推动事物向前发展，而不能无视规律本身，将主观愿望凌驾于客观规律之上。

不符合经济发展规律的目标，即使勉强达到了，也于经济本身的发展无益。任何经济目标的实现都是有条件的，这些条件包括自然、经济、技术等诸多方面，只有当经济目标所需要的条件成熟时，该目标才能实现。例如，1975年召开的全国农业学大寨会议上曾经提出，到1980年全国基本实现农业机械化。事实证明，该目标完全不符合中国当时的国情，既未考虑实现农业机械化所需要的资金条件，也未考虑实现农业机械化后多余劳动力的出路。因此，该目标完全不具备可行性，是无法实现的。一个科学的经济目标，必须在大量调查研究和科学预测的基础上，进行反复多次的可行性研究，通过对多个方案进行比较选优，最后才能决定。

（2）激励性原则

经济工作目标即未来要达到的生产目的，只有具备感召力和鼓动力，才能激发广大农民和农村经济工作者为之奋斗的热情，产生一种目标的驱动力，这就是激励性原则的要求。激励性原则的实质就是代表广大农民的切身利益，使目标反映广大农民的迫切愿望，反映社会主义基本经济规律的要求，体现社会主义生产目的。

（3）协调性原则

协调性原则指既要保持农村经济工作目标和国民经济总目标之间的协调一致，还要保持农村经济工作目标内部各分项目标的协调一致。农村经济工作目标是国民经济目标系统中的子系统，与国民经济目标存在隶属关系。在农村经济工作总目标之下，又可分解为若干分项目标，构成一个多元目标系统，各分项目标之间既有相互促进的一面，又有相互矛盾的一面。例如，生态效益和经济效益之间、粮食作物和经济作物之间，既相互促进，又存在一定矛盾。

因此，在目标系统内部，必须确定各目标的合理位置，不能片面强调某一目标的重要性而忽视其他目标，只有使目标协调一致，才能达到总体效益的优化。过去在农业生产中强调"以粮为纲"，片面突出粮食生产，结果不仅限制了多种经营的发展，粮食生产水平也未能提升，农业生产总体水平停滞不前。

（4）准确性原则

经济工作目标要求用数字表达明确的内涵和外延，不能含糊不清、任意解释或存在多种解释，更不能任意提高或降低目标的标准，否则会使人们无所适从。

3. 农村经济工作的任务

（1）农村经济工作任务与农村经济工作目标的关系

所谓任务，就是指定的工作。随着时间的变化，任务的内容也在变化。下面要具体讲的，就是在"十四五"时期国家要完成的农村经济工作任务。

农村经济工作任务是指在一定时期内，为达到一定的农村经济工作目标所要完成的具体工作。由此可见，目标与任务之间具有内在的依存关系，任务是由目标决定的，没有无目标的任务，目标是任务的灵魂；任务是实现目标的手段和途径。如果仅有目标，而不去规定和执行具体的工作任务，那么目标也只能是空中楼阁，永远也无法达到。

既然任务是由目标决定的，那么，可以按照目标的划分方法对任务加以区分。从时限的角度看，与长期目标、中期目标、短期目标相适应，可以划分为长期任务、中期任务、短期任务；从内容的角度看，与总体目标和分项目标相适应，可以划分为总体任务和单项任务；从覆盖范围的角度看，与宏观目标、中观目标、微观目标相适应，可以划分为宏观任务、中观任务和微观任务。

科学合理的农村经济工作目标一旦确定，那么它是否能够如期达到，就要取决于农村经济工作任务的完成情况。因此，完成任务的时间具有很强的严格性。为了有序、如期地完成农村经济工作任务，一般要通过年度计划和"五年计划"对农村经济工作任务分阶段分项地落实。

（2）当前农村经济发展的制约因素与应对措施

农村经济工作任务是由农村经济工作目标决定的，但在确定农村经济工作任务时，不能仅仅依据目标，还必须了解农村经济发展过程中所面临的制约因素。当前农村经济发展主要受农业质量发展的制约，农业质量发展的制约因素主要表现在以下三个方面。第一，农产品品种丰富，但多而不优。目前，我国农产品品种齐全，供应不断。但产品同质化严重，分等分级少，缺少个性化产品。第二，农产品品牌众多，但杂而不亮。我国农产品品牌数量多，有市场影响力的品牌更少。第三，农业体量大，但大而不强。我国粮、肉、蛋、果、菜、茶、鱼产量都居世界首位，但国际竞争力与农业大国地位还不相称。

因此，加快农村经济发展，提高农业发展质量是当务之急。发展农业质量，还是要坚持质量第一，坚定不移地推进质量兴农，提高农业绿色化、优质化、特色化、品牌化水平。

① 推进农业标准化，把优质农产品产出来

生产优质安全的农产品的抓手是按国标生产。要严格遵行农药、兽药残留标准以及其他行业标准，严格遵循农药、兽药、饲料添加剂、抗生素使用规范，严格落实间隔期、休药期规定。

② 加强执法监管，把安全管出来

我国农业生产主体多、链条多，农产品质量安全监管必须围绕薄弱环节及重点领域，出重拳，求突破。要严格投入品使用监管，推进农药追溯体系建设，逐步全面禁止使用高毒农药；加快农产品质量安全追溯体系建设，建设农业生产信息档案，将新型经营主体全部纳入监管名录。

③ 实施品牌提升行动，把品牌树起来

我国于2017年开展了农业品牌推进年活动，推出了一批区域公用品牌与产品品牌，得到了较好的市场反馈。今后要进一步开展中国农业品牌提升行动，将品牌建设与有机食品、绿色食品认证紧密结合，再遴选、推介一批叫得响的农业品牌，增强品牌的市场影响力。

④ 强化现代要素集成运用，让产品强起来

我国农业体量大，但国际竞争力弱，最根本的原因是产业素质不高。必须强化现代科技装备支撑，大力推广运用新技术，围绕提质增效重大需求，遴选具有示范前瞻性、引领性的技术，组装集成特色高效品种技术。实施现代种业提升工程，全面深化种业权益改革，建立商业化育种创新体系，全面提升农作物单产产量和良种质量。

⑤ 持续推进农业投入品减量

目前，化肥、农药使用量"零增长"目标已提前实现，下一步要在提高使用效率，减少使用总量上下功夫。

⑥ 加强农业资源养护

统筹山水林田湖草沙系统治理，把农业资源过高的利用强度降下来。加大东北黑土地保护力度，将优质的黑土耕地划为永久基本农田。以黑土区为重点，集成推广深松深耕技术，使深松深耕整地面积达到 1.5 亿亩以上。

（3）"十四五"农业农村发展规划目标任务

① 增强农业综合生产能力

确保粮食生产能力，并保证粮食、棉花、油料等重要的农产品能够始终保持安全的生产与供应。并且，还应当始终确保耕地保护制度得到最为严格的施行与坚持，严守耕地的数量与质量的红线，严格禁止各种侵占耕地的行为。

围绕粮食生产功能区、重要农产品生产保护区建设国家粮食安全产业带，并进一步推进高标准的农田工程建设工作，打造集中连片的高标准农田。另外，为保证耕地的质量，还需要推行黑土地保护工程项目，进一步强化对东北的黑土地的保护，切实保证地力的恢复。推动大中型灌区节水改造与精细化管理工程项目的落地，并且，还需要确保节水灌溉骨干工程的建设工作得到顺利实施，与此同时开展水价综合改革。重点研发大中型的、智能化的、复合型的农业机械并投入使用，进一步提升农作物在耕种与收获时的机械化率。

进一步强化对种子资源的保护与利用工作，积极推进种子库的建设工作，以此保障种源安全。加大农业良种技术攻关力度，按计划开展生物育种产业化应用，培育出在国际范围内有着较强的竞争力的种业龙头企业。健全农业科技创新体系，对农技推广的服务方式做到与时俱进的更新，打造智慧农业。加强动物的防疫工作及关于农作物病虫害的防治工作，不断加强农业气象服务。

② 深化农业结构调整

对农业生产布局进行一定程度上的调整与优化，构建优势农产品产业带，打造特色农产品优势区。推动粮经饲统筹和农林牧渔协调发展，改善种植业结构，进一步促进现代畜牧业发展，推动水产生态健康养殖。

实现农业的绿色转型，进一步强化对当地环境的保护与治理，大力发展节水农业、旱作农业，加强农药和化肥的减量行动以及农膜污染控制，提高农膜回收利用率、秸秆综合利用与畜禽粪污资源化利用水平。

健全绿色农业的标准体系，强化绿色食品、有机农产品、地理标志农产品的认证管理。加强农产品质量安全全过程监管，完善追溯体系。打造现代农业产业园区，建设农业现代化示范区。

③ 丰富乡村经济业态

大力发展县域经济，促进农村一、二、三产业融合发展，进一步促进农业产业链条的延长，大力发展特色现代乡村富民产业。有效促进农产品加工业、农业生产性服务业的发展，做强当地的休闲农业，积极开发乡村旅游行业等能够表现当地特色的产业。

进一步强化农产品仓储保鲜与冷链物流设施的建设，完善农村产权交易、检验检测认证的平台与智能标准厂房的建设。健全利益联结机制，使农民能够获得足够的产业增值收益。

④ 强化乡村建设的规划引领

规范管理乡村的规划建设工作，重点关注乡村居民生活质量以及土地利用率、产业发展等方面的内容，并注意对当地存在的历史文化加以重点关注与传承。根据当地实际情况，科学合理地开展规划设计工作，保留当地文化特色，一切以服务农民为主。

⑤ 提升乡村基础设施和公共服务水平

把县域作为促进城乡融合发展的基本单元，增强县域综合服务能力，发挥乡镇服务农民的作用。进一步推进城乡基础设施的统一规划、统一建设与统一管护，将市政公用设施扩展到郊区乡村及较大规模的中心镇，改善村庄的基础设施建设，提高农房建设质量。

推动城乡统一基本公共服务标准和制度并轨，加大对农村各种类型的服务供给力度，促进全县教师、医生交流轮岗和社会力量参与农村公益事业发展，进一步提升乡村居民自身的科学文化素养，促进乡村人才振兴。

⑥ 改善农村人居环境

深入开展农村人居环境改善活动，扎实解决农村中出现的"垃圾围村"、村庄黑臭水体等问题。积极推进乡村的污水治理与水系综合整治工作，根据当地情况与实际需求，开展绿化工作与村庄清洁工作。

（五）农村经济的地位

1. 农业是国民经济的基础

农业是农村经济的主导性产业。农村经济的地位，主要体现在农业在国民经济中的基础地位和作用。农业的首要职能，就是满足社会对食品和衣着这些基本生存资料的需要。人类的生存、吃饭问题是头等大事。人类的基本生存靠农业，改善生活质量也靠农业。

2. 农业是其他物质生产部门独立和发展的基础

从人类社会发展历史的过程所表现的生产部门分工情况可以看出，原始社会初期和中期，由于生产力不发达，农业是人类社会唯一的物质生产部门。原始社会后期，农业劳动生产率提高了，农产品有了剩余，手工业逐步从农业中分离出来，成为独立的行业。奴隶社会农业和手工业的发展，商品交换的范围和规模不断扩大，结果又使商业成为独立的行业。总之，由于农业的发展，才使工业、商业等国民经济的其他非农业生产部门独立。农业是各部门发展的基础。

第二节　农村经济管理的概念与特点

一、农村经济管理的概念

（一）管理的概念

由于管理概念自身多义性的特点，既存在广义与狭义之分，也会因为时代、社会制度与专业的差异而出现不一样的阐释与认识。在生产方式社会化程度越来越高、人类认识领域越来越广的今天，人们对于管理现象认识与理解上的差异将更加突出。

管理是人类一切组织（无论家庭、企业还是政府）共同具有的活动，它包括五个要素：计划、组织、指挥、协调、控制。管理就是对这五个要素加以实行。管理是设计并维持一个良好的环境，使人们能够在团体中高效率地实现明确规定的目标。管理是合适数量的人员对活动加以协调，从而获得良好的活动效果。说到底，管理本身是作为一种实践存在，本质上不是"知"而是"行"，管理的验证不是逻辑而是结果；它唯一的权威是成绩。

管理就是行动，而作为行动，首先，它应该具有行动的发出者与承受者。其次，也要有行为目的和原因。所以，在形成管理活动时，必须先有一个管理主体——明确由谁来管理；同时还要明确管理客体，也就是阐明了管理的目标或者是管理了哪些东西。另外，必须具有管理目的，也就是阐明为什么要实施管理。上述分析表明：任何管理活动均须包括下列四项基本要素。

（1）管理主体，需要明确一点，管理者是谁？

（2）管理客体，应当确定管理的内容是什么。

（3）组织目的，解答管理这部分内容的原因是什么。

（4）组织环境或条件，明确因为什么而对这部分内容进行管理。

由于管理行为自身由以上四种管理要素所决定，因此组成管理行为的四种管理要素自然应该首先反映到管理的定义之中。另外，要想真正地开展管理活动，还要为了实现管理目的而实施相应的管理职能与管理方法，也就是说要解决好怎样实施管理的问题，而这一点在管理定义上也应能体现出来。对管理的界定应体现出客观管理活动所具有的本质属性，也就是在对管理进行界定时必须体现其本质属性——对效率的追求。

管理最基本的含义是指人们在认识事物内部条件和外部环境及其相互关系的基础上，确定管理目标，并通过对人力、物力、财力和各个活动环节的计划、组织、指挥、协调、控制等活动，从而达到预期目标的一种自觉的、有组织的行为。

管理具有两种属性：自然属性和社会属性。管理的自然属性，是指管理是生产力发展和社会分工发展的结果，它反映劳动和社会化大生产的客观要求。

管理的社会属性，是指由于物质资料的生产是在特定的国家和特定的生产关系下进行的，它的管理必然要涉及生产关系性质方面的问题，同时要和一定的政治经济体制及意识形态发生联系。其中生产关系问题包括各部门、各环节、各地区、各企业之间以及他们同国家之间和自身内部人与人之间的关系。此外，还要适时采取某些措施调整上层建筑。

需要注意的是，若要准确了解管理本身的含义，就需要深入了解管理所具备的物象职能，分述如下。

第一，计划。此为管理的主要职能，主要是为了预测将来的事件以便拟订行动方案。计划工作就是为了给事物今后的发展指明方向，确定过程，它着重解决两个根本问题：一是确定对象，没有正确的对象选择，再精心具体的计划都是徒劳的，这就是计划中的要害；二是确定做事的先后顺序，不允许错位，都是规划的标准。从管理科学上讲，它研究规划的动态过程，即对规划是怎样形成的这个过程进行研究，以探讨制定规划的一系列科学程序与方法，并对管理进行科学规划决策。管理的计划职能是对组织整体目标及各个部门目标进行选择，并确定达到这一目标所采取的行动方案，为管理活动奠定基础。所以计划职能在管理中居于首要地位。

第二，组织。它是指为完成规划而需要的组织结构、规章制度和人财物配备情况。其基本要求有二：一是根据目标要求建立机构、设置岗位、招募人员、明确权责，建立统一组织系统；二是根据目标实现的方案与过程，合理安排人力、物力与财力，确保其数量与质量相匹配，从而获得良好的经济与社会效益。

第三，指挥。即对其所属对象加以发令、调度与检查。指挥职能就是要利用组织权限发挥领导权威，根据计划目标要求将全部管理对象集中在一起，组成有效的指挥系统，以确保人、财、物之间的互相联系。

第四，协调。要求组织内各部分或各成员的行为能够从属于整个集体目标，在管理过程具有综合性和整体性。其作用在于确保各种活动之间没有矛盾、重叠、冲突，从而实现协调配合。协调不同于指挥，它可通过指令与调节对人际关系进行影响，并实现环节的畅通和共识的达成来达到均衡的最终目的。

第五，控制。就是推动所举办的各项活动按预定要求进行。控制职能就是根据已经确定的目标、规划、准则，检查并调查组织活动中各个方面的真实情况，找出差距并分析其成因，加以改正与完善，以便顺利按照原定计划完成任务。抑或是按照客观情况变化对方案进行适当调整以更加适应实际情况。控制须满足三个基本条件：一是要有确定的执行标准；二是明确的规章制度和方针；三是及时纠正偏差等行之有效的措施。缺乏任何条件都会使管理活动失控。控制职能和计划职能是分不开的，计划是控制的先决条件，它提供了控制的对象与准则，离开了计划，控制便无从谈起；控制是达到规划的一种手段，离开了控制，预先制订好的规划就不可能自动地完成。控制活动是规划得以实施的根本性保障。

管理中的指挥与协调职能可以统称为领导职能。也就是管理四职能说：计划、组织、领导与控制。以上的管理职能是互相联系，密不可分的整体。以计划职能来确定组织目标和方向；通过组织职能来明确达到目标的方法；通过指挥和协调职能使个人工作和要实现的集体目标相协调；通过控制职能来检查方案执行情况以确保方案得以顺利执行。这些功能在管理中的综合应用归根到底就是要达到组织所追求的目的。

（二）经济管理的概念

管理包括各种各样领域的管理。如政治、经济、文化、科学、教育、卫生、体育等各个领域都存在管理。经济管理只是其庞大系统中的一个组成部分。经济管理是以合理组织和合理调节社会经济活动规律与方法为研究对象的一门学科，它由两大部分的内容组成：一是宏观经济管理，是指国家对国民经济体系及社会经济活动所实施的调控、引导、监督；二是微观经济管理，指对各种企业、合作经济组织和个体劳动者进行管理。

经济管理作为一门综合应用性学科，综合了社会科学、自然科学等诸多学科的知识，强调总结实践经验与进行可行性研究相结合。宏观经济管理从纵向划分又分为工业、农业、交通运输、商业等部门管理；从横向划分又分为全国、省、地、县、乡、村的经济管理。

经济管理都有两重性。经济管理以物质资料再生产为前提，由于社会再生产过程自身所具有的两重性，它不但是人与自然相结合的过程，还是人与人相结合的过程，从而明确了管理的两重性，指管理具有自然属性与社会属性。

（三）农村经济管理的基本概念与职能

农村经济管理是根据市场需求和国家对经济手段运用情况等外部环境和本地区的内部条件，确定经济发展目标，并对再生产过程中的生产、分配、交换、消费环节和人、财、物、信息等生产要素进行决策、计划、组织、指挥、协调、控制，以达到预期目标的一种自觉的、有组织的活动。

我国农村经济管理经过了一个改革和发展的过程。在计划经济时期，农村经济管理实质上就是计划的下达和计划的执行过程。从经营管理体制、分配方式、所有制、组织形式、计划体制、流通、价格等多方面进行了有步骤的改革，使农村生产力得到了迅速发展，市场经济空前活跃。农村逐步从自给自足经济的阶段转入市场经济阶段。

科学地理解农村经济管理的内涵还必须理解其职能。农村经济管理的职能与管理的一般职能既有联系又有区别，是一般与个别的关系。

1. 决策

决策，是指在经济活动过程中，就某些重要问题所进行的抉择。在当前市场经济快速发展、科学技术日新月异、市场需求瞬息万变的情况下，搞好经济决策，对经济的发展具有决定性作用。管理过程就是决策过程，决策贯彻于管理的始终。所以，把决策作为农村经济管理的首要职能。

2. 计划

计划是关于今后各项活动的规定与安排。国家经济管理机关应对农村的经济活动实施宏观管理，一个县的经济和整个国民经济一样，有农、林、牧、渔，农、工、商、交通运输等各部门，有生产、交换、分配、消费各个环节，有乡、村和企业的经济，纵横交错，内容繁多。因此，必须有长期计划、中期计划和短期计划，对决策目标和方案在时间和空间层面进行安排，才能使各部门、各环节、各地区、各生产经营单位的工作协调配合，互相促进，避免盲目性，保证农村经济健康发展。

3. 指导与服务

所谓指导与服务，就是国家经济管理机关、合作经济组织对农村生产经营活动的引导与服务。指导与服务是农村经济管理职能的一个重要方面。为了避免农村生产经营活动的盲目性，满足农村经济适应市场经济的需要，国家经济管理机关和合作经济组织还必须根据生产经营单位的需要提供产前、产中、产后的指导服务，确保农村生产经营活动的顺利进行。

4. 协调

协调又称调节。农村经济管理的协调职能可分为农村经济管理的宏观调节和微观调节两方面。农村经济管理的宏观调节是指国家各级经济管理机关运用经济手段，来影响生产经营单位对生产经营活动的决策，使之大体符合宏观经济发展目标和指导性计划的要求。

农村经济管理的微观调节就是调整和处理农村企业和农业生产过程中各部门、各环节的相互关系，解决它们之间出现的一些矛盾和分歧，以便加强相互间的配合能力，管理活动达到同步发展的水平。通过农村经济管理的宏观调节和微观调节职能的发挥来实现农村经济的平衡发展。

5. 控制

控制是指国家经济管理机关或者是企业为确保实际工作符合原计划、原目标、原方案，对其实施过程所进行的检查、监督、规范等活动。经济活动是一种由各种要素有机组成，并有着极其复杂的内部联系和外部联系的活动。因此经济活动的组织实施状况与计划的要求会产生不同程度的偏差。为了保证经济管理目标、计划的顺利实现，就必须进行控制。

农村经济管理宏观控制，即国家经济管理机关监督检查生产经营单位是否贯彻执行党和国家方针、政策，是否遵守相应的法律法规，并且还需要关注该生产经营单位的日常生产经营活动。主要的控制形式有行政监督、经济监督、法律监督等。

6. 组织

所谓组织职能，就是生产经营单位把经济活动的诸多要素和生产过程的诸多环节，基于时间与空间的维度加以安排，使之成为一个有机整体，从而合理应用人、财、物。组织职能是各项职能的基础，是实现经济管理目标和计划的保证。经济活动的计划任务是由许多人的共同劳动所组成的，要把这些任务落实到不同的时间和空间，落实到不同集体和个人身上，都必须依靠组织来完成。可见，组织职能对于提高管理效率、劳动效率和经济效益是十分重要的。

7. 指挥

所谓指挥职能，就是领导者凭借权威并通过发布命令和指示的形式对下属进行一定的指挥。在农村经济活动中，需要有统一的指挥和正确的调度，以保证所有的下属工作人员步调一致，协同动作，使农村经济活动得以正常运转。

8. 激励

所谓激励职能，就是激发参与经济活动者主动性和创造性的活动。只有把管理者与劳动者的积极性充分调动起来，才可以保证人、财、物诸要素做到全面结合，确保经济管理目标与规划的完成。因此，激励作为经济管理中不可缺少的一项重要职能，也应渗透在计划、组织、协调和控制各项职能中，既要确保这些职能得到有效落实，又要发挥这些职能的重要作用。激励职能的内容包括鼓励和惩罚两个方面。鼓励是用于激发劳动者的积极性。惩罚是用于抑制劳动者的消极因素。思想政治工作、表扬奖励等，都是行之有效的内容。

以上所阐述的农村经济管理各职能为一个整体系统，各职能相互区别，同时也互相联系，紧密配合。其中任何一种职能都会影响到经济活动的进行，影响经济活动的效益。因此，只有全面综合地运用各种职能，才能实现农村经济管理工作高效协调运转。

二、农村经济管理的特点

农村经济管理是对我国农村区域内的一切经济活动所进行的管理，因此具有其自身的特点。

（一）综合性

农村经济管理的综合性主要表现在以下两方面：第一，建立并发展了以合作经济为主、各种经济成分并存的经济体制。经过农村改革，国家的、合作的、个体的、混合的经济成分同时存在，并与不同层次的如承包的、租赁的、合伙的、股份的经营方式相结合，已经或正在形成各种模式。第二，产业结构的综合性。我国农村目前已经由比较单一的种植业向农、林、牧、渔全面发展，农、工、商、运、服综合经营的方向发展。

在如此巨大的地域经济系统面前，经济管理不可能只针对某一行业或者某些产业进行，而必须针对包括生产、交换和分配等环节在内的整个经济活动过程进行综合管理，使农村经济系统得以优化运行，农村社会得到飞速发展。

（二）区域性

农村经济管理的研究对象是广大的农村。农村不同于城市，农村以合作经济为主体，多种产业并存；地域辽阔，但交通运输条件差；信息闭塞，生产活动受自然条件的影响大；劳动力资源丰富，但素质低、文化落后。这些特征决定了农村经济管理的区域性特点。主要体现在以下几点。

1. 由农村由于所处的区域不同决定

广大的农村所处的地理位置不同，其自身面临的自然环境、生产条件经济状况等方面也存在差异，因此农村经济发展的水平也各不相同，从而农村经济管理水平发展也不平衡。例如，我国东部沿海地区农村与西部边远地区农村相比，经济发展上就存在着显著的差异性。因此，在农村经济管理中，要利用地域之间的差异，调配不同地区的生产要素的最佳比例，使不同地区的农村经济得到稳步发展。

2. 由农业的发展特性决定

农业作为农村经济管理的主要对象，是人们利用生物机体的生命力，通过物质和能量的转换以获得动植物产品的生产活动。而生物机体的发展要在多种自然因素作用下，呈现出鲜明的地域性特征，从而决定了我国农村经济管理的区域性。

3. 由农民的综合素质决定

农民作为农村经济管理的主体，其综合素质各不相同。当前我国大多数农民综合素质并不高，无论是文化教育、科技水平、劳动技能还是思想观念，都与城市居民存在着明显差距，就是在不同的经济发展区域，他们的差别也相当明显。这也决定了我国农村经济管理具有区域性特点。

（三）阶段性

目前我国仍然处在社会主义初级阶段，所以农村经济目标模式的选择就不能超越这一阶段，这是基本国情。一切目标模式和发展目标的选择都不能脱离这一基本国情。因此，农村经济的发展也必须在这一前提下来制订相应的政策、步骤、措施。在这种情况下，我国农村经济管理也应针对不同阶段农村经济发展的具体状况，实施具体的管理措施。只有这样，才能使农村经济实现较快而又健康的发展。

农村经济发展阶段性决定了农村经济管理阶段性。农村经济发展的阶段性是指农村经济在其发展过程中的不同情况和条件下的相对时间限额内的差异性，它决定了农村经济的总体目标体系是通过各个具体目标的阶段性控制实施来实现的。比如，改革开放之初，农村改革和发展的目标是实现温饱，我国在农村实行了家庭联产承包责任制，促进了农业生产的发展，出现了劳动力和产品的剩余；农村进行了产业结构调整，以推动农村商品经济的发展；在目前我国市场经济的条件下，产业化经营又进一步推动了农村经济的发展，而农村经济管理必须适应新的经济发展状况而进行调整。

第三节　农村经济管理的原则与方法

一、农村经济管理的原则

（一）整体效益原则

农村经济管理整体效益原则，就是农村经济管理要谋求自身的经济效益、社会效益、生态效益三者协调统一的整体效益原则。坚持农村经济管理整体效益原则，就需要基于农村经济乃至整个农村社会的角度，找出三种效益在各种条件下的优化组合点以促进农村经济发展。

农村经济管理相对于我国国民经济管理来讲是微观经济管理，但是它同时又是一个包含经济、社会、生态的大系统，是微观中的宏观。农村这个大系统是一个有机的整体，各个组成部分彼此相互联系、相互影响。因此，在农村经济管理工作中，应当在系统论的整体性、综合性的基本思想指导下，从整体效益的观点出发，来研究农村经济管理。例如，发展某一项生产事业从地区或企业来看，可以取得较好的经济效益，但从全社会角度来看，可能由于部门之间的比例失调，配合不当，或产品不符合社会需要等造成损失或者对自然生态环境造成不良的影响，这是不可取的。

（二）民主管理原则

民主管理是相对于绝对服从绝对权威的管理而言的。也就是说管理者本着"民主、公正、开放"原则，实现管理思想的科学传播，并协调好各个组织的各种行为，以实现管理目标。农村经济管理要遵循民主管理原则。主要体现在村务公开、村级事务的民主决策、村民民主理财等方面。

（三）利益协调原则

存在于我国农村经济管理中的利益协调原则是正确处理国家、集体与个人之间的相互关系，其中包括整个生产过程中各个环节的相互关系。当然，也要正确处理好企业与企业之间、个人与个人之间的关系，并协调好不同群体之间的利益。

（四）物质文明和精神文明互相促进原则

建设社会主义新农村，构建和谐社会就要求农村经济管理应当始终坚持一个原则，即物质文明与精神文明协调共进。通常来讲，物质文明最重要的标志就是生产力发展的程度，它体现在人民物质生产和物质生活提高上。精神文明主要以科学文化与伦理道德发展程度为标志，具体体现在两方面：一是文化进步状态——教育、科学与文化知识发展；另一种是思想进步状态，即人们在思想上、政治上、道德上的进步。我们强调提高人们的思想境界，使之成为有理想、有道德、有文化、有纪律的劳动者。物质文明和精神文明互为因果、互为条件、互为目的。

物质文明是精神文明的基础和源泉，因为文化科学的进步状态直接同物质生产、经济发展相联系，直接反映物质文明的程度，并为这种程度所制约。思想的进步状态除了受物质文明发展的制约外，还由社会制度的性质所决定，并为一定的社会制度服务。而精神文明又是物质文明的必要条件和保证。思想政治工作必须为经济建设服务，保证经济发展的方向。农村的发展也要坚持物质文明和精神文明的同步进行。

（五）责、权、利相结合的责任制原则

在农村经济管理工作中，这是一个重要管理原则。责、权、利结合，就是在经济管理工作中要正确地划分经济活动诸方面的责、权、利的利益关系，做到各方紧密配合协调。责任、权力和利益是相互依赖和互相影响、互相限制的，缺一不可。

责、权、利三要素相结合，责是前提和首要问题，权是责任得以实现和利益得以取得的保障，而利益又是恪尽职守的原动力，唯有建立健全责、权、利为一体的经济责任制度，进一步实现责、权、利相统一，才可以提高农村经济管理工作效率，进而取得较好的成效。

二、农村经济管理的方法

农村经济管理方法就是农村经济管理工作的管理者履行管理职能、完成管理任务所采取的以确保经济活动顺利进行的一切手段、措施的总称。按内容与功能划分，有行政方法、经济方法、法律方法、思想政治教育方法。

（一）行政方法

1. 行政方法的概念

所谓行政方法，就是管理主体利用行政权力并按行政层次的不同而采取的各种行政命令、指令、条例、规章制度等，直接对组织和个人行为进行控制，进而确保管理目标能够彻底达成的方法。所谓管理主体，就是国家在农村中建立起来的各级经济管理机关。管理主体在行使行政手段时，必须依照既定的行政法规，针对特定的和具体的事项，作出必要的决定和处理。

2. 行政方法的特点

（1）权威性

行政手段的前提是权威与服从，行政命令的接受程度会受到行政主体权威的大小的影响。

（2）强制性

需要人对行动目标遵从统一意志，上级部门下达的指示与指令等都需要由下级果断地遵从并贯彻执行。

（3）垂直性

行政指示与指令在行政组织系统中按照层级进行纵向直线的传递，突出上下垂直隶属关系，相比之下。横向结构间通常不具有约束力。

（4）具体性

某些行政命令、指示仅在某一时期内对某一具体对象发生作用。

（5）非经济利益性

行政主体和行政对象的关系并非以经济利益的形式呈现，它是行政统辖关系，本身是无偿的，二者之间没有经济利益利害关系。

（6）封闭性

行政方法是靠行政组织与行政机构在行政区划与行政系统条块的基础上推行的，其中存在内化约束力且是系统性的，也因此形成了封闭性。

（二）经济方法

1. 经济方法的概念

经济方法就是根据客观经济规律，利用经济组织并使用经济手段来管理经济活动。

经济组织是根据生产力水平和社会分工，按照社会需要与技术经济联系的要求建立起来的，如企业、专业公司、联合企业以及银行等组织机构。经济手段是指运用价格、税收、信贷、补贴、工资、奖金、罚款等经济杠杆以及经济合同、经济责任制、经济核算等经济措施。

经济方法的实质，在于贯彻社会主义物质利益原则，正确处理国家、企业、劳动者个人三者的关系，使企业和劳动者从物质利益上关心劳动成果，充分发挥其积极性。

2. 经济方法的特点

（1）有偿性

各个经济组织和单位之间所有经济往来，都必须根据等价交换的原则进行。

（2）非直接性

依靠经济杠杆，通过经济利益上的得失来引导、调节和控制经济活动的。

（3）平等性

各种经济组织或机构在取得其经济利益方面具有平等性。

（4）作用范围广，有效性强

一个经济组织的建立和发展会影响到一系列经济单位的一系列经济活动，一种经济杠杆运用的改变，会影响社会多方面的经济关系的变化。

3. 经济方法的局限性

在运用经济方法时，要注意其作用的有限性。

一是不能完全依靠经济方法来调动经济组织和劳动群众的工作积极性，否则会使人们产生"一切向钱看"的思想。

二是由于经济方法是一种强调物质利益的方法，容易使人们注重个人的、集体的、局部的和眼前的利益，忽视国家利益和长远利益，滋长个人主义、本位主义和经济主义。

三是不能依靠经济方法来解决经济管理中许多需要严格规定或立刻采取措施的问题。特别是经济活动在技术业务方面的问题不能依靠它来解决。

（三）法律方法

经济管理法律方法就是运用不同的经济法律法规，结合经济司法工作来调整国家机关、企事业单位与各种社会组织，以及此二者同公民于经济活动当中的一切经济关系以保障社会经济活动的一种手段。法律方法具有权威性、规范性、强制性和稳定性等基本特征。

用法律方法管理经济包括两方面内容，即经济立法和经济司法。

经济立法满足经济管理过程中有法可依的需要。经济法并不是调整所有的经济关系，而是调整那些在国民经济管理和社会经济活动中形成的经济关系。经济法是我国法律的重要组成部分。但要做到有法必依、违法必究、执法必严，还必须有经济司法。

经济司法，通常是指国家的司法机关按照经济法律和法规，按照法定程序和制度，解决经济纠纷、审理经济犯罪与涉外经济案件的执法活动。它通过各种侦察、调解、仲裁、起诉和审判的手段来保证各种经济法律和法规的实施。

（四）思想政治教育方法

所谓思想政治教育方法，就是通过对劳动工作的人进行思想教育、政治培训等手段来提高相应工作积极性，进而确保经济管理工作能够顺利推行而采取的一种手段。思想政治教育的内容包括：进行四项基本原则的教育，党的路线、方针、政策的教育和形势教育，建设社会主义精神文明的教育，民主、法制和纪律的教育，爱国主义和国际主义教育，等等。

思想政治教育方法也具有局限性，表现在：一是它的作用范围有局限性。这种方法不直接干预经济利益的分配，也不直接干预人们的经济工作活动，它对经济活动只有间接的决定作用。尤其是经济活动过程中会遇到一些需要立即改变行动和需要实行强制干涉的问题时，就不能只依靠思想政治教育方法来解决，而需要依靠行政方法和法律方法。二是思想政治教育方法要在一定条件下才能发挥积极作用。它不能脱离经济方法等其他管理方法的运用来起作用，尤其是物质利益问题。三是思想政治教育方法不能解决人们所有的思想意识问题，特别是经济工作中遇到的某些社会心理问题。它需要与其他方法结合使用，才能起到更好的效果。

上述各种管理方法既有区别，又有联系，在农村经济管理工作中，要因时、因地、因情而选择，而不能孤立地使用，必须将各种管理方法有机地结合起来，相辅相成，以期获得良好的效果。

第四节　农村经济管理的体制

一、农村经济管理体制的概念和内容

（一）农村经济管理体制的概念

农村经济管理体制，是农村生产关系及在其基础上形成的经营管理制度。它包含生产关系和经营管理制度两个基本方面。

农村经济活动中，存在人和人及人和自然的关系。其中人和人的关系，就是农村生产关系。农村生产关系包括生产资料所有制关系，劳动者和管理者、劳动者和劳动者、管理者和管理者之间的经济交往关系。

经营管理制度是在农村生产关系的基础上产生的，是农村生产关系的具体体现。经营管理是指经营管理机构和经营管理者，为了达到预定的经济目标和实现一定的经济利益，在既定的经济职能的范围内，对社会经济生活或生产经营活动所进行的预测、决策、组织、协调、监督等一系列的经济活动，经过长期的实践和筛选，逐步地规范化、制度化，形成经营管理制度。

（二）农村经济管理体制的内容

农村生产资料所有制结构，说明了农村经济由哪些经济成分组成，是单一的公有制还是多种经济成分并存，各种经济成分的相互关系怎样，社会主义公有制经济有哪些具体形式，国家如何管理全民所有制经济等问题。

经济调节和控制机制（或称经济运行机制的配置）也就是计划与市场的关系。农村经济管理中，哪些经济活动分别采取哪些方法，主要是处理行政方法和经济方法的关系问题。

由于农村经济管理权力的核心是决策权，所以也称农村经济管理决策结构或农村经济管理决策体系。

经济利益结构，也就是农村生产经营成果在国家、集体和劳动者之间，各层次管理机构之间的分配关系。

农村经济管理体制所要解决的问题，不仅是组织问题，也是方法问题，把适合管理农村经济的方法制度化、法律化，就能发挥管理方法的作用，提高管理效率。当发现管理方法有缺陷时，就应及时改进、完善，保证管理方法的先进性，有利于实现管理的科学化。

二、农村生产力对经济管理体制的要求

在社会主义社会当中，最为基本的工作就是发展生产力，发展生产力是初级阶段全部工作的中心。是否有利于生产力的发展，是我们衡量经济体制是否合理的根本标准。对农村经济体制改革问题的研究，需要从对农村生产力状况的分析入手。

生产力由生产过程中所使用的生产资料（劳动资料和劳动对象）和具有一定科学技术知识，生产经验和劳动技能的劳动者等要素构成。

生产工具，是反映生产力发展程度的物质标志。通过运用科学技术，能够有效促进生产力的发展。由于农业是农村经济和国民经济的基础，而农业生产的特点是经济再生产和自然再生产交织在一起。因此，对农村生产力的研究，既不能忽视作为劳动对象的自然资源在生产力中的中心地位和作用，也不能忽视生态环境和整个社会经济环境对农村生产力的影响与制约。基于这样的认识，要考察农村生产力与农村经济体制的关系，有必要认清以下两点。

农业生产是以有生命的动植物为生产对象；对自然条件有特殊的依赖性；土地是农业生产中最基本的生产资料；农业生产具有季节性，生产的周期长，生产时间与劳动时间不一致；劳动成果大多数只能表现在最后收成（最终产品）上。在我国辽阔的国土上，不同地域的土壤和气候差别明显；风、雨、干、旱、冷、热以及病虫害等变化无常的因素，对农业生产的影响很大。农业生产的上述特点和我国的自然条件，不仅要求农业生产要实行精耕细作，集约经营，而且在经济

体制的建立上，必须注意适应以下两点要求。第一，要使适于统一进行的活动能有效地进行。从现阶段来看，不仅自愿互利的合作经营是必要的，而且国家的支持、参与和从宏观上进行的协调、控制，也是必不可少的。第二，要能适应农村经济发展的要求。例如，要利用农业生产的季节性，生产时间与劳动时间的不一致性和利用非耕地从事多种经营。这样，才有利于在提高土地生产率和农业劳动生产率的基础上发展非农产业。

我国的农业生产，长期是围绕粮食生产进行的低层次平面垦殖，围绕传统的粮食生产技术，来解决耕地开垦、家禽饲养、肥料、灌溉等技术问题，致使农村生产力一直处于极其缓慢的发展速度。农业生产是人们利用动植物自身的生长机能，通过人工培育和管理等劳动，促使动植物有机体同环境之间进行能量转化、物质变换以获得动植物产品的过程。人们通过农业劳动同自然之间的物质变换，可以实现多个变换层次的分类。

农业生产之深度与广度最终应体现于它所生产的生物产量与经济产量水平中。农业产出主要指的是获得的生物产量。生物产量按营养层次分为不同级别。例如，植物产量是初级生物产量，草食动物产量是第二级生物产量，肉食动物产量是第三级生物产量，等等。基础雄厚和技术进步的农业能够提供高级别生物产量。

经济产量是对生物产品进行加工而产出的产量。经济产量因加工利用的深度和广度不同，也分为不同的级别。不同级别的生物产量和经济产量，标志着不同层次的生产力水平和对自然资源的不同的开发利用程度。我国农村的生产力运动，至今仍在相当程度上保持着传统农业低层次平面垦殖的特点。简单来说，低层次平面垦殖是指利用并不适应时代的生产手段来获得低级别的生物产量与经济产量，或用同类开发技术去扩大同级别的生物产量和经济产量以满足人们生存需要的低层次开发。

低层次平面垦殖，即使随着耕地的扩大而使产量有所增加，它也只是生产力量的变化而不是质的变化。我国农村许多年来一直保持低层次平面垦殖，生态环境也不断受到损伤；许多农村生产力至今还是依靠耕畜和犁耙以及少量的手扶拖拉机等小型机具；水利排灌设施还不普遍、不完整；资源、交通、通信等基础设施更为薄弱；社会分工和商品经济很不发达；劳动者的文化技术知识水平和经营管理能力较低，农村普遍缺少科技人才和经营管理人才。这种比较落后的生产力状况，很难在较短的时间内普遍转化为现代的生产力。

三、新常态下农村经济管理体制的创新

我国属于农业大国，农业占国民经济的比重很高，国家的发展离不开农业的发展，构建现代农业是经济发展、社会进步的新常态下有效利用资源和发展国民经济的有效途径。农业经济发展的前提是农村经济管理体制的构建。但新常态下农村经济管理体制存在一些问题。本书从存在的问题出发，研究农村经济管理体制创新的意义，并论述具体运用，为探索我国农村发展找出新方法，希望能对农村经济管理工作质量的提升有所帮助。

经济管理是一项以经营目标为目的的活动。在我国，原有的农村经济管理体制是以集体经营和家庭承包经营为主的统分结合式双层经营模式为基础，这种经营模式使得农村集体产权处理和支配能力都有所提升，但仍存在很多问题，需要突破经济管理体制发展的障碍，有效调整和优化农村经济管理体制的问题，采取具体的措施和创新机制，提升农村经济管理水平，从而促进农业、农村更好地发展。

随着我国乡村振兴战略的不断推广，农村经济发展水平得到了显著的提升。为了进一步提升农村经济管理水平，应从经济管理体制的创新着手，分析农村经济管理的概念，指出现有管理中存在的问题，结合问题给出相应的策略。

处于新常态下的农村地区经济和产业发展的空间在不断拓展，其中农产品种植、畜牧业发展和旅游产业建设等方面都极大地促进了农村经济体量的提升。但是与经济发展水平相结合并加以分析，我们就能够明显地发现，当前农村经济管理能力仍然不够强，也因此在很大程度上制约着整个农村经济的发展效率并影响

了其质量。2014 年，习近平总书记于河南考察期间，第一次提出"新常态"的概念，这一概念能够确保经济发展可持续性能够被实现。在这种经济环境不断发展的背景下，因为农业经济本身属于我国经济体系当中重要的一个组成部分，所以为了有效促进国家整体经济发展，就需要深入探究怎样提高管理工作质量

农村经济管理工作的顺利开展，主要是因为各项管理工作的有序实施，另外，各方面工作建设的结果又是健全农业经济管理机制的前提。但结合当前阶段一些地区的农村经济管理现状进行分析，我们就能够发现许多管理工作制度在一定程度上脱离了实际状况，并不能为之后管理工作的顺利开展提供足够的支持，进而导致管理效率和管理质量并不理想，难以满足农村经济发展的根本要求，也就严重地制约着农村经济的发展空间。

在我国正式提出乡村振兴战略并开始实施之后，农村农业产业就得到社会的普遍重视，其中各级政府也都对农业发展投入较大的资金和资源。但是在现实农业经济管理当中，因为管理人员本身专业能力不强，极大地制约着农村经济发展的空间。并且，尽管一些管理人员有着较长的管理工作的资历，但是并不具备足够的实际管理意识，也没有注重对过去经验的总结，致使在遇到棘手问题时茫然无措，最终导致管理效果不尽如人意。

相对于工业产业而言，农业产业中先进科学技术在推广和应用方面并不容易，会面临相当大的阻力，在很大程度上会受到农业行业传统发展模式的限制，并且，还会面临资金匮乏和技术引进困难等问题。另外，需要注意的是，尽管一些农村地区已经接通了网络，但是还有很多村民在接触与经济有关的信息的时候是通过广播与电视等传统的传媒方式，这也就直接导致了农村所获取的信息和外部信息相比，存在一定程度上的时间差，也正因此，会在很大程度上对农村在总体经济信息的获取上产生较为严重的负面影响。

作为农经管理人员有必要全面做好农村本地气候、农作物以及销售途径方面的深入调查，以便能够结合数据资料，选择出最为适合当地种植以及经济建设所需要的农作物品种，为农作物收获之后的营销路径选择和推广模式提供支撑。在

完善农业经济管理制度的过程中，应当牢牢把握时代发展的脉搏，及时改变以前的农产品销售观念，建立现代化的线上直播卖货模式，并通过线上销售的方式来为新农村经济建设带来新的探索路径。与本地农民群体及时沟通，紧密联系，主动向农民群众推广农业新政策、先进农产品种植技术，积极建立农村绿色农产品生态产业园等，推动农业产业繁荣。

在新时代正确制度引领和科学运用改革开放政策的基础之上，中国经济取得了突飞猛进的进步。当前，纵观世界的发展环境，中国已经成为世界第二经济大国。在制造业与金融领域等方面都在国际上有着不可替代性。与此同时，新常态视野中的中国商业经济处于宏观经济环境当中，本身也较为客观地反映出当前经济受外部经济环境激励所呈现的时空切换特征。这就造成了我国一些区域经济发展速度减缓的情况。特别是多数农村还处在一个相对滞后的发展水平上。而我国要想有效解决贫富差距过大的问题，就需要改革农村经济管理体制。基于此，我们要重视从意识形态方面给予科学指导，让农村地区政府管理人员和农民及其他各经济主体均可充分理解经济新常态等概念和内涵。简单来说，也就是新常态的产生是社会经济发展过程中一定会出现的一个阶段，这不仅是一条全新的发展路线，更是经济发展中的残酷法则。所以，对于农村经济管理体制的改革与完善过程，要始终坚持提高相应的实效性、合理性。

我们要在领导人们经济管理和经济发展这些意识层面发展的过程当中，对现代化教育加以重视。而要实现现代化教育，就应当积极组织农村地区群众与管理人员，使他们都能够受到现阶段足够新颖的经济管理理念的影响，并且还要引导他们及时了解部分经济发展较好的地区的经济管理理念。使他们能够根据当地的特色去开发出适合自身未来发展的经济管理模式。还要重视信息化建设，现阶段的社会互联网技术与信息技术等方面都得到了非常快速的发展，给经济的发展带来了巨大的动力。所以，各地政府要加大对有关各方的宣传和教育，让农民逐步树立大数据意识，熟练运用现代信息技术来进一步开拓自身的创造财富之路。

除此之外，各地政府要对现有的新媒体信息传播工具进行科学合理的使用，并借助网络平台来全面宣传新常态背景下的经济发展趋势。与此同时，借助新媒体平台进一步增加基层群众思想政治教育工作的强度，让他们能够逐步树立农业生产信息化的意识，并且能够正确认识政府出台的政策方针，由此带动农村地区广大农民对于区域经济建设的深度参与。而唯有让农村地区更多的群众逐步从落后意识形态中解放出来并不断开阔眼界，才能让更多农民基于顺应时代发展的经济发展模式形成正确且合理的了解。当我们能够确保基层群众积极参与其中，并且配合政府的引导工作的时候，才能确保各种制度与政策等能够发挥其作用，进而使得农村地区经济的发展能够开创新模式，逐步缩小和城市之间的距离。更要有地方政府的推动和指导，要让当地的人民主动参与经济建设，这样才能建构起更加可行的经济管理体制，让广大农民切实得到实惠，最大限度地发挥农村经济管理新体制在农村经济管理中的优势和作用。

对于一些农村经济发展资金不足的情况，政府部门要积极探索并寻求更多的融资渠道。比如，政府在招商引资的政策规划中，对进入农村地区进行投资开发的企业可以提供合理的优惠政策扶持，主要有税费减免和财政补贴，以此激励本地的企业可以积极地将发展资金投放到农村地区，从而拉动农村的经济，使得他们完成可持续发展的最终任务。在政策引导方面，要积极主动地根据农村本地经济发展现状制订出较为合适的管理条例以保证每项政策都能符合农村本地经济发展的实际情况，提高地方农村经济建设水平和整体经济发展水平。

搞好农业经济管理人才引进工作。就人才引进而言，可以从社会、高校等多范围进行，招聘阶段注重质量把关，保证入职人才专业水平和能力都能够满足农村经济管理的根本要求。通过从源头上把控人才招聘工作，确保所有因专业能力达不到农村经济管理标准而影响管理成效的人员不会进入管理工作当中。也因此能更好地为之后的农村经济管理工作的顺利开展提供人才支持。借助开展培训活动加强队伍内有关人员的训练与管理，推动新理念贯穿于管理过程中的每一个环节当中，在团队中大力推行，确保农村经济总体管理水平和服务能力能够不断成长。还要构建严格的管理和考核制度，把团队中员工的工作热情调动起来，选择较为合适的管理指标对实际工作状况、工作成效和管理效率进行较为客观的评价。考评所得结果会直接影响到管理人员薪酬福利待遇，从而促使人员始终保持较为饱满的工作热情，有效推动农村经济管理质量的提高。

现如今，互联网的覆盖范围在不断扩大，这为当下的电子商务快速发展打下基础，特别是一些偏远山区的农产品销售因电子商务受益良多，其自身的销售渠道得到扩大，以信息技术为整合和支撑的经济管理水平明显提高。这说明在农村经济管理的过程当中，信息化管理技术被引入农业生产和经济建设时，灵活地融合了各种成熟和先进技术，是今后农村经济管理高效化、智能化发展的重要方向。

在以农村经济管理体制为目标的创新改革过程当中，各地政府要发挥自身主导作用。有关管理人员要科学整合社会资源，统一管理区域内有一定发展潜力和实力的公司。在新常态的背景中，它的经济发展实质上仍然属于中国经济进一步增长的范畴。在这样的经济形势之下，中国社会的经济转型已经成为一种必然的结果，并因此给各企业都带来了相应的挑战与发展机遇。需要注意的是，因为企业本身是作为国民经济发展进程中的重要参与因素存在的，所以其本身亦应该能够积极落实国家经济改革政策。在此基础上，需要各地政府和企业共同合作，积极发挥优势和自身作用，能够承担起部分社会职责和任务。与此同时，面对复杂多样、不断变化的市场竞争，越来越多的新型企业正在崛起，也给传统的企业发展带来了较为严峻的挑战。身处偏远地区的公司面临着较为严重的转型压力。特别是各地龙头企业要想在市场上持续保持一定竞争力，就应该确保能够占领更大市场份额和持续增强核心竞争力。

在此基础上，政府为农村地区出台扶持政策可以让其取得更大优势来扩大管理范畴。比如利用电商来推动精准扶贫这一政策，每个企业都可以通过和政府进行合作来为自己扩展出更加符合时代特征的业务。这对政府更好地实施精准扶贫和为企业谋求创新发展方面起到了非常大的推动作用。除此之外，由地方政府牵头，可以把形成共识的公司整合起来，以积累更多的经济实力为前提，参与更多的投资项目。从而在拉动农村地区经济发展的同时也为当地居民就业提供了更加广阔的渠道。与此同时，将市场环境和地区特色产品相结合，可以引导更多的农民、农产品加工企业参与电商经营，进而构建以农村地区特色农产品为主体的电商运行联盟中心。在此基础上，继续扩大管理和经营规模，形成生产、加工与销售一体化的经营格局，最大限度地发挥政府主导作用和龙头企业引领作用，为创新发展农村经济管理体制开辟了新的方向。

与此同时，在新常态的大环境下，我国政府积极鼓励各企业大力发展电商，并且，在此过程中还需要要求企业了解农业经济的市场动向，并且能够根据地区优势和现实发展状况，把市场竞争变成经济管理的牵引力。有关管理人员要对同类产品优缺点进行全面且深入的分析、总结，能够有针对性地发展优势产品品牌，使其更加知名。基于此，充分发挥品牌效应，借助电商平台打开地区特色的农产品的销路。并且，对于那些并不具备较强竞争力的商品要及时予以淘汰，并且能够寻找出更具魅力的绿色食品。各地政府要激励企业积极推动深加工战略的不断发展，进一步提升商品本身的增值效益空间以确保品牌能够拥有持久竞争力。

基于上述内容，我们发现现阶段不但要建设健全经济管理制度、建立地方农村经济管理专业队伍、健全现行管理体系。还需要更加关注管理工作信息化建设并给予其足够的资源支持，其中特别要注意的是，应当引入具有现代化与信息化特征的基础设施。另外，在信息化建设中，根据当前农村经济管理状况实施与农村经济建设管理与控制相适应的政策，并从宏观政策方面促进农村经济管理水平的提高，为农村经济的长期发展作出卓越的贡献。

近年来，我国整体经济水平的发展使得农业经济管理的脚步跟不上时代发展的步伐，产生了诸多问题，如果不能及时进行调整，就不能实现中华民族的伟大复兴。因此，必须充分关注农村的经济管理，尤其侧重于体制建设，要不断创新机制和强化措施，最终实现农村经济管理水平的稳定提升。

创新制度是一个国家经济发展的重要支撑，农村经济管理制度创新为农村经济发展提供指导和框架，与时俱进的制度体系是农村经济发展永葆生机活力的基础。在经济社会的发展与改革处于持续深化的过程中，经济管理已经发展成为市场经济中的一项重要任务。农业的发展是时代的要求，找到农业经济管理发展问题，打破传统农业经济管理体制、构建新的农业经济管理理念，创新农业经济管理体系是农村经济发展的重要保障，也是农村经济发展的重要方式和途径。

总的来说，现阶段农村经济管理体制改革过程中要能够全面深刻地理解新常态内涵和特点，从而制订出方向正确科学创新改革之路。在这一过程中地方政府要能够引领企业不断地深化改革，根据市场环境和地区特色等外在因素，制订出切实可行、科学经济的管理体制。与此同时，要对有关人员意识形态等方面给予科学指导，不断强化思想政治教育工作，让各方主体都能够以饱满的热情参与地区经济发展战略工作。这样才能真正产生合力和凝聚力，进而充分扩大农村经济发展空间，并以正确的体制为指导，立足于各地政府的统筹管理，改善农民生活，提高农民收入水平。

第二章　农村经济管理分类

本章主要从六个方面对农村经济管理分类进行阐述，分别是农村经济组织管理，农村劳务经济管理，乡镇企业经营管理，农业承包合同管理，农业产业部门管理，农业产业化经营管理。

第一节　农村经济组织管理

一、农村经济组织管理形式演变的回顾

"农村经济组织形式是生产关系的具体体现"[①]，我国农村经济组织在演变过程中最基本的特征就是经济组织形式单一。

解放初期开展的一系列农业合作化运动一定程度上使农户经营不再受局限，但是经济组织形式依旧单一，只是另一种形式的替代品。1956 年底，已经有 96% 的农户加入合作社，这时候的经济组织从过去的农民家庭经济组织的形式被替换成集体经营的农村合作社。但是，这种产权与经营权结合的经济组织在不久后就出现了问题，并最终宣告失败。我国农村经济组织在 1958 年快速地转变成三级所有模式，之前的农村经济组织不复存在。1978 年，党的十一届三中全会以后，全国开始推行一种新的经济组织形式——家庭联产承包责任制，这是一种以农村家庭经营为主体的形式，并逐渐成为我国农村最基本的经济组织形式。自此，农户的经营主体地位和独立利益主体地位得以确立，他们以更高的积极性参与到农业生产中去，使全国农业生产工作有了很大程度的发展。但是，没有一种

---

① 刘嵩生，刘葆金.中国农村经济管理概论 [M].合肥：安徽人民出版社，1988.

制度是完美无缺的，这种统一、单一的经济组织形式同样有缺陷。第一点就是没有真正的"集体"，虽然名义上有"集体"的存在，但实际上是空壳。虽然有乡镇政府和委员会、小组一类的村民组织，但是在性质上都不能被认为是"集体"。再加上这些组织与农村集体经济组织纠缠不清，使得家庭联产承包责任制这一组织形式不得不承受更高的制度成本，产生了政经不分的问题，并由此产生的一系列无法避免的弊端，经济无法获得高效率的成果。第二点是农户的分散小生产和大市场之间的矛盾。第三点是专业化农业生产与社会化服务之间的不调和。第四点是农村剩余劳动力无法顺利转移，没有通畅的转移途径。矛盾一旦产生，就必须要找到合适的解决方案，新的农业经济组织形式就成了必要条件。因此，20世纪80年代后期开始，全国范围内兴起了许多新的农村经济组织形式。专业合作社、专业协会、农业公司、公司加农户等都是经典的形式。近几年这一类的新型农业经济组织形式发展势头更加迅猛，并逐渐有了相对完善的制度。

我国农村经济组织管理形式的发展历程体现了农村家庭经济组织形式在我国的重要地位，但实际上的家庭经济组织形式也有自身的问题。农村经济组织形式在生产社会化和市场化的推动下逐渐呈现出多元化的趋势。社会主义新农村建设的一个新的重要议题就是创新农村经济组织形式。社会主义新农村的建设离不开农村经济组织形式的创新。

二、农村经济组织财务的管理

农村经济组织财务会计工作的开展，能够贯彻落实各项政策、管理制度，为我国"美丽乡村建设"提供有利条件，在实践中取得了良好成效。

在各级政府部门的引导下，各地区的农村逐渐走向致富之路，农村经济组织逐渐完善了财会管理系统，在专业管理人员的努力下产生了更多具有创新意义的管理模式，这样就能够解决工作中的各种问题，保证农村经济组织的财会工作高质量完成。有了完善的基础设施，能够将以往农村经济组织中的漏洞和问题彻底解决，为农村经济的快速发展保驾护航。在此基础上，正确使用先进技术，以智能化、数字化模式使农村经济组织的财会管理工作发展得更加严谨、科学，是后续工作稳步进行的基础和前提。

农村经济组织的性质是拥有土地所有权的经济组织，具有较强的集体性和组织性，并且在农业合作化发展初期，对我国社会主义公有制的革新有重要影响。乡村范围的耕畜以及土地的使用和管控都属于组织的职责范围。管理模式的管理原则是"按劳分配"，并以此为基础进行变革，在实施全面化管理的过程中突出其作用和价值。

农村经济组织的财务管理工作需要在健全、完备的财务管理工作机制下进行，有了机制的保障才能更好解决农村经济组织在资金和责权分配方面的问题。各部门在工作任务安排上要根据具体工作内容和职责进行分工细化，以精细化模式进行管理，只有将细节把控好才能使经营更加科学合理，在农业市场竞争时能更准确地把握整体形势。要为经营业绩提供具有参考价值的数据依据，不能以权谋私。及时掌握农村经济的财会工作进展，才能有效推动农村经济发展。

（一）农村经济组织财务管理工作

1. 常规化问题处理

实践阶段的农村经济组织财务管理工作要将各种因素考虑在内，只有这样才能在面对繁重的财务管理任务时能够有效解决常规问题。因此，相关工作人员要能够全面了解并掌握农村经济组织财会管理工作的特点和本质，这样才能将管理要点和相关制度结合在一起，解决实践过程中的问题。

2. 资产管理

农村经济组织的资产并非个人所有，它是由成员入股或在长期的劳动过程中积累起来的财产，属于集体性质的共有财产。这些财产按照相关的国家法律规定是受保护的，任何个人、单位不得非法侵占、挪用或平调。

3. 维护合法权益

农村经济组织或组织成员以相关国家规定为标准，在各项政策和机制的基础上科学管理农民，既要保障农村经济组织的利益也要保障个人利益，使管理工作"有法可依、有据可循"。

4. 民主管理与财务公开

这项工作要求工作人员有过硬的业务能力，能够秉持严谨的工作态度，认真贯彻落实各项工作机制，将农村经济组织财务的相关工作内容公正、公开地展示给大众，始终坚持将集体利益放在核心位置。

5. 明确财务管理目标

（1）基本目标

重视财务管理是工作的基本目标，要求工作人员能够以单纯的财务视角分析工作内容，并根据实际情况制定切实可行的财务管理制度，使农村财务工作能够正常进行。

（2）高层次目标

促进农村良好发展并提高农村经济水平是财务管理工作的高层次目标，在此基础上全面思考如何规范财务管理工作，并提高工作标准性，从而更彻底地解决"三农"问题。

（二）农村经济组织财务管理模式创新必要性

在财会管理模式方面要积极创新，并且要与农村经济组织紧密结合在一起，突出财会工作的重点，将其意义显示出来。在财会管理工作的实践过程中要将农村建设的重点问题放在首位，如困难户危房改造、政策文化宣传、乡村建设等，这些惠民政策的有效实施是财会工作后续进行的先决条件。

深入研究村级公益事业建设工作就会发现，在农村经济组织的财务管理工作中需要有地方政府的支持才能全面开展城镇化建设试点工作。这项工作的核心任务是农村民主政治建设，要能切实改善农民的生活质量和经济条件，使党和农民的关系向着更和谐的方向发展，使党对农民的关爱、关怀之情准确地传达出来。"一事一议"财政奖补工作是一项得到了广大基层群众认可和好评的工作，党和国家也能通过这项工作对现实民生问题有准确地了解和掌握。农村通过开设"一事一议"财政奖补工作试点可以促进各部门之间的沟通与交流，同时，财会工作的进度与质量也会因此得到保证。相关的政策与管理机制在当地政府部门的引导和指挥下可以准确落实，加以农村经济组织的配合既能强化意识与能力，又能切实改善农民生活，使预期目标真正实现。

科学技术水平的不断发展和提高使得农村经济组织将计算机技术和大数据技术运用到财会管理工作中，使工作模式由传统转向了现代化，具备更加便利的条件进行实践工作。这种情况下，经济组织就要重视上岗人员的技能培训，使他们能够以专业水准参加工作。要根据财会工作的具体情况创建合适的智能化管理平台，以科学规范的现代化手段，使平台的性能和管理模块都得到优化和强化，这样就可以大幅提升会计核算的准确率，使管理过程受人为因素影响的概率降到最低。借助科学技术手段减轻人工劳动力，降低此方面的投资成本，保证人力、物力、财力等实现均衡分配。例如，当地政府部门重视此项工作的开展，在实践中提出创新要求，加大专业化工作队伍组建工作的同时，还引进众多先进技术，在实践中灵活运用各项技术手段，实施成效才会有良好的基础保障。经大数据技术、数字化技术地应用，创建功能强、模块多的智能化管理系统，各部门工作的开展均可在系统中实施，降低人员管理难度，并在实操阶段就能完成各环节信息资源储存工作，简化财务会计管理工作流程，显著提升整体效率与技术水平。

三、农村经济组织财务会计的管理模式

（一）农村经济组织财务会计工作与管理模式问题

1. 内控制度有待健全

在探究当前农村经济组织财务会计管理工作成效的过程中，我们发现农村经济组织在财务管理方面存在着资金管理的混乱和财务处理不到位等问题。缺乏完善的内部控制机制是导致各种问题产生的主要根源之一。在农村经济组织中，对财务会计管理工作的重视程度过高，但缺乏对实际条件和标准要求的深入分析，导致实施阶段面临着多种影响因素，这些因素既未解决常规问题，也出现了新的

问题，这增加了财务会计管理的难度，同时也无法为实施成效的提升提供坚实的基础保障，从而使得农村经济组织的财务会计管理工作过于形式化。

例如，在某些农村经济组织中，有些人利用其职务之便，通过工程报名费、白条收取承包费等方式，捏造了高额费用支出，并将超额费用私自挪用、调度等，这种行为属于违法行为。在会计核算过程中，财务人员面临着资金来源不明确的问题，导致无法对款项的具体内容进行跟踪和处理，这进而导致了资金的紧张，同时也使得农村经济组织的财务管理变得混乱不堪。

2. 人员素质有待提升

大多数农村经济组织的成员都是由村干部明确指定的，因为农村地区的经济水平有待提高，年轻群体都通过外出打工来改善生活质量。目前，村内的剩余人员年龄偏大，文化水平普遍较低。在管理人员的聘用和筛选阶段，农村经济组织只能按照自己的原则来指定和录用人员，而忽视了人员的职业素质和综合能力的考核。部分村干部在财务会计工作中难以掌握工作的要点和管理制度内容，以及自身缺乏胜任该工作岗位的实际条件，单一化地追求个人私利，导致丢失、漏账、错账等不良现象在大多数农村地区广泛存在。

例如，在农村地区的村两委换届选举工作实施阶段，会计人员的工作岗位可能会受到影响。然而，由于原会计人员在前期阶段缺乏责任意识和安全意识等方面的工作衔接处理，导致财务会计管理工作无法连续进行，从而影响了后续工作的进度和质量。此外，各项资金跟踪管控缺乏依据，实施成效与预期目标存在较大差异。

3. 监督工作不到位

农村集体经济组织的财务会计管理工作，对于地区经济水平的提升和农民生活质量的改善具有巨大的影响力，对于这方面的工作，各地方政府和监管机构要重视起来，并根据自身职权，加强财务会计监督管理。在某些农村地区，仍然存在一些财务会计类的问题，因此审计和督查工作需要由上级部门进行，并且要遵循"上下级管理"的监督原则。然而，由于工作过于形式化和表面化，审计督查人员无法充分了解农村经济组织的财务会计管理要点、规则、政策和制度等方面的工作，有些工作人员个人业务素质较差，在监督时缺乏原则性和严谨性，只能通过相关凭证进行审核。无从查证的是，财务各类资金支出的合理性以及是否存在欺诈行为。在此情形下，村两委就有了"便利条件"实施"虚假行为"。

例如，某农村经济组织的财务会计管理工作监督审计主要采用"事后审计"方式，但由于缺乏有效的预防机制，无法实现工作的全面统筹和科学化管理，导致不良风气不断蔓延，其实施效果不符合农村经济组织财务会计监督管理工作的相关要求。在这种情况下，由于各个职位的负责人存在思想上的偏差，他们可能会因为个人私欲而违反法律法规，导致各项政策和制度无法得到全面贯彻，普遍问题和重点问题无法得到彻底解决。

（二）农村经济组织财务会计管理模式实施策略

1.加大监督工作实施力度，完善财务管理制度内容

为确保农村经济组织财务管理的科学性和合理性，必须建立完善的管理制度，并借助财务会计监督工作，实现从"人治"到"法治"的转变，这是财务会计管理决策编制的重要前提。

在制订财务管理制度时，分析条件要以农村经济组织的财务会计管理要点为标准，确保制度内容的详细性和准确性；在实践中贯彻落实已有的管理制度，不仅可以使制度本身存在的问题得到解决，还能及时调整具体内容，通过"查漏补缺"明确财务会计监督工作应落向何处，分析承包转让、费用报销等项目内控标准，使职务分离中的把控工作得到落实，财务人员专注于财务管理工作，而会计人员则负责严谨审核工作；村干部以其职能作用为基础，通过自我监督和相互协作，显著提升财务会计监督工作的质量和水平。

例如，某农村地区的村干部，充分发挥自身的职能，将组织成员和民众的个人利益放在重要位置，培训更多专业化的审计人员，并建立了独立完整的审计机制。在实施管理制度的过程中，他们大力宣传各项政策和法律法规，使这些观点和理念深入各位村干部和群众的个人内心，并及时纠正群众中存在的错误思想观念，使监督人员的意识得到强化。农村经济组织财务会计管理工作要求执法人员

和管理人员根据自身岗位和工作任务，发挥导引作用。

2.组建专业化管理队伍，细化岗位职权

第一，在考虑人为因素对农村经济组织财务会计管理成效的影响时，需要在问题处理阶段进行深入分析，明确用人标准和要求，突出财务会计管理工作的专业性和法规性，并对每位工作人员的综合能力和素养提出更高的要求，从而为专业化管理队伍的组建打下坚实的基础。

为避免"裙带关系"的干扰，在招聘过程中，采用"公开竞选"方式，通过对人员岗位技能的全面考核和分析，根据考核成绩进行工作岗位的分配。在此阶段，对目前的在职人员进行规范化考核，如考核结果未达到标准要求，可以给予解聘处理，并招募新员工，以加强每位员工的责任意识。

第二，建立完善的绩效考核机制，根据员工的工作表现提供奖励，以激发其工作的积极性和自主性，这一制度还能促使更多的人参与岗位晋升活动中来，实现高素质人才的储备。对于那些表现不佳的员工，也要给予相应的惩罚，督促他们在日常工作中积极学习，不断提升自身的专业能力，以确保他们能够胜任这一职位。

第三，为了满足财务会计管理工作实施要求，要定期举办专业培训活动，针对不同岗位人员的工作内容和职责，提供多元化的培训方案，并由专业化培训队伍进行实践指导，将"依法理财"的管理理念传递给每个层级的工作人员，为农村经济组织财务会计管理工作注入鲜活力量，吸引更多人才参与到这份工作中来，同时通过"考试选拔"方式吸纳高素质人才，扩大人才队伍规模。

3.遵循"公开、透明"管理原则，提升民主管理工作成效

在考虑农村经济组织财务会计管理工作对农村产业发展产生的积极影响时，我们的工作重点应该在财务会计管理方面。通过分析各地方农村经济组织财务管理工作实践成效，我们可以以管理模式创新为切入点、以"公开化、透明化"管理为原则，确保管理方式与管理要求相符，这样才能保证财务会计管理的规范性。为确保农村经济组织决策制订与财务会计监督工作实施的必要前提，特别是在确定财务信息公开时间时，必须及时处理财务报表内容，并拓展公开渠道，以确保

村民全面了解各项工作进展情况，特别是解决委托代理矛盾问题。以此为基础，公开透明地处理财务会计管理内容，为民众提供便利条件以获取相关信息资源。利用多媒体和互联网技术，建立独立的网站，使百姓在移动终端上就能获取相关资讯的准确数据。这样，在实施过程中督查小组能够实时监控公开信息的时效性和准确性，这是提升民主管理工作成效的必要前提。例如，某督查小组发现了管理方面的问题。为了加强人员责任意识，他们建立了奖惩机制，并根据工作内容和职权划分，找到了相应的负责部门和负责人，并按照法律法规进行了严肃整治。通过与预防机制的紧密配合，我们就可以捍卫民众和农村经济组织的合法权益，并在这一领域取得卓越的成果。

在当前形势下，我国各地区农村经济水平在不断提高，这一成功得益于农村经济组织财务会计工作实施条件的优势和影响力，在加大惠民政策实施力度的同时，又推进政策财政补贴工作进展，并使财务会计管理工作数字化的发展程度提高。在此基础上，深入探究各类管理问题产生的具体根源，有针对性地提出解决方案，首先要加强监督工作的实施力度，完善财务管理制度的内涵，随后组建专业化的管理团队，进一步细化岗位职权，遵循"公开、透明"的管理原则，提升民主管理工作的成效，从而实现预期的管理目标。

四、加强农村经济合作组织管理的措施

（一）完善农村经济合作组织建设工作

第一，我们必须全面了解农村经济组织建设的紧迫需求。农村产业化经营理念的不断创新，引发了农村生产方式和市场发展之间的多重矛盾，这些矛盾在一定程度上妨碍了农村经济向更深层次的方向迈进。因此，在考虑各地实际情况的基础上，在农村范围内建立农村经济合作社，以推动农村经济的快速发展。

第二，深入探究农村经济合作社组织在推动农村经济快速发展方面所扮演的重要角色。通过对农村产业结构进行优化，及时获取市场信息，全面了解农村经济发展的动态趋势，为广大农民提供技术支持，引导他们根据需求进行生产。通

过联合分散的农户，农村经济合作组织能够提升农民的组织化水平，使他们能够共同抵御相关风险，从而更好地对接经济发展的大市场和小市场。

第三，在农村生产中合理配置各种生产要素，以达到最佳效益。优化农村资源配置，实现现代农业生产效率最大化。

第四，持续拓展农业市场的版图。在过去的市场经济中，一些缺乏品牌的农产品在市场上的销售受到了限制。通过扩大农产品的生产规模，实现规模效应，从而有效提升农产品的销售业绩。

第五，积极推广现代化农业生产技术，促进农业生产的规范化和标准化。通过设立农村经济合作组织，并就与农业技术相关的议题展开交流和探讨，以推动新技术和新品种的广泛推广。

（二）完善相关法律制度

有关部门应当采取相应的法律措施，建立完善的法律法规体系，这样才能推进新型农村经济合作组织的建设，促进农村经济的稳健发展。在推进农村经济合作组织的发展过程中，政府应充分运用国家法律法规，使合作社、家庭农场等新型经济合作组织的内部组织结构逐步走向专业化和规范化，以促进现代农村经济合作组织的发展不断向好。

"平等互利、入社自愿、退社自由"，是在工作推进过程中始终遵循的原则，出资人、入股人和社员的利润分配问题需要采用多种管理形式解决，以确保广大农民的个人利益不受侵害，逐步形成风险共担、收益共享的格局。在确保农村经济合作组织的稳定、健康发展的前提下，必须建立起一套具有法律效力和规范性的体系。

（三）维护农民权益

在推进农村经济快速发展的背景下，加强对农村经济合作组织的管理，明确组织产权关系，使农民真正掌握合作组织的产权，最大程度保障农民的利益。

第一，必须通过法律手段明确农村经济合作组织的成员构成、组织架构、议事规程以及责任财产范围等方面的内容，以确保该组织能够真正实现实名化和实体化。

第二，承认农村经济合作组织的个人产权，农民有权处置参与农村经济合作组织的个人股份，以增强成员的责任感，激发广大组织成员的工作积极性和主动性，共同为推动农村经济合作组织的发展而努力，使合作组织的规模能够尽可能地扩大。在农村经济合作组织的产权转让过程中，必须确保产权流转的公平、公正和透明，并根据实际情况开发相应的产权流转市场，以提供必要的保障。

第三，合理分配组织内部股东的产权，确立农村经济合作组织股东的产权权益，将组织成员的主体地位凸显出来。遵循合作制的基本原则，以入股的方式将组织成员纳入合作组织，确保经济合作组织的控股股权始终由内部人员持有。

在农村经济蓬勃发展的进程中，必须以推动社会经济进步为基础，建立科学合理的经济体系，以确保经济体系能与现代农村经济的发展形势相适应。这样就可以促进偏远农村经济的繁荣发展，缩小与现代农业经济之间的差距，也能有力推动现代农村经济更加稳健、健康地发展。

第二节　农村劳务经济管理

农村劳务经济以农民跨地区流动就业为主要背景，现在已发展成为农业增效、农民增收的有效渠道。本节围绕这一问题主要论述了农村劳务经济的概念及农村劳务经济管理的内涵、原则、特点及工作措施。

一、农村劳务经济的概述

（一）农村劳务经济的定义

"劳务经济"又称"打工经济"，是指农村富余劳动力为家庭以外的单位或个人提供劳务而获得收益的一种经济关系和经济活动，也可理解为农村劳务经济是以提供劳动力服务而获取报酬收入为目的的产业经济。它是农村劳务输出的一种经济形式，是工业化和城镇化的产物，是社会经济发展的必然历史过程。它作为农村经济发展过程中的一种独特的经济活动现象，是改革开放的产物。农村劳动力转移是加快工业化、城市化、农业产业化的必然趋势。

我国是一个农业大国，农村劳动力大量剩余。发展农村劳务经济，是促进农业经济发展、应对经济全球化的战略任务。随着全国各地按照统筹城乡经济社会发展的要求，不断加大农村劳动力跨地区转移工作，加强农村劳动力市场建设，加大农民工培训力度，保障农民工合法权益，我国农村劳务经济已经呈现出良好发展势头，农村外出劳务产业发展能力明显增强，但是仍然存在着一些问题，必须顺应新形势、开拓新思路、增添新措施，全面有效地推动农村劳务经济健康、持续发展。

我们不能简单地认为农民进城务工只是为了挣钱，而应该看到，农民通过社会流动推动了制度创新。随着耕地面积不断减少、劳动力数量逐年增加、农业新技术的推广应用，农村劳动力就业压力越来越大。农村剩余劳动力的转移就业，主要是通过乡镇企业、城镇化以及二、三产业的发展与扩张等方式来实现。所以在就地消化吸收农村剩余劳动力能力较弱的背景下，在当前农村经济发展不利因素较多的情况下，农民出省就业起到了缓解农村劳动力就业压力的作用。

劳动力资源是资源配置效应中的一个重要方面。因此劳动力转化与流动是实现资源合理配置的关键，通过劳动力资源在产业之间、城乡之间的再配置，改善劳动力与其他资本结合的比例关系，提高资源配置效率，已成为农村经济持续增长的重要支撑力量之一。近几年国家实行积极的财政政策和稳健的货币政策，采取了加大基础设施投入的措施，综合运用税收、价格、汇率和收入分配等经济杠杆，刺激内需的宏观调控政策，使资金与劳动力结合。全国各地加强基础设施建设、综合治理生态环境，重点加快水利防洪、高速公路、铁路复线、城乡电话扩容、电网改造、城市基础设施等的建设，这些建设对农村劳动力提出了新的需求，就业结构出现多元化特点，农民外出务工的人数明显增加。

外出劳务、流动转移有利于农民自身观念的更新。一是有利于促使农民自身素质的提高。由于文化素质较高的劳动力更受城市和用人单位的欢迎，外出就业机会更多，外出对他们的吸引力更大，这些劳动力离开农村，增强了当地人送子女读书和年轻人提高自身素质的动力。二是外出劳动力受到输入地的技术及经营管理的培训，其技术素质、商品经济意识得到很大提高，使输出地不花钱而达到借地育才的目的。三是有利于农民传统观念的更新。农民进入城市后，受到城市文明及生活方式的影响，传统观念发生变化。

农村劳动力的跨区域流动，突破了二元社会结构，顺应了社会发展的客观规律。在由农业社会向工业社会转变的过程中，农业人口不断减少，非农业人口不断增加，也就是农村人口的城市化，这是被发达国家已经证实了的客观历史进程。发展中国家虽未完成这一历史进程，但却正在这样的进程中演进，并最终会像发达国家一样实现农业人口向第二和第三产业的历史性转移。民工潮的出现预示着中国的农民正在走历史应该走的路。

农村劳动力的流动，调节了财富和机会的再分配。城市的社会资源如就业等为市民所独占，通过农村劳动力的流动，把一部分就业机会让给了农民，尽管目前农民在城市所从事的一般都是脏、累、苦、险的职业，但毕竟他们已经分享到了一部分原来不属于他们的社会资源。农民工在最艰苦的岗位上，在为城市建设作出了巨大贡献的同时也提高了收入，促进了农村经济的发展。特别是在西部地区，打工收入成为农民收入的主要来源。

外出劳务是农民增收的一个主要途径。农民外出劳务人数增多的直接原因是农业效益下降和利益驱动，但从社会经济的大环境来观察，农村劳动力的外出、流动、转移是社会主义市场经济条件下出现的必然现象。内陆省份的农业就业比例明显偏高，这使得内陆省份农业结构调整问题更为严峻。目前最为迫切的是要素结构调整，农业结构调整的成效如何，关键在农村劳动力的转移程度。因此，农村剩余劳动力的流动和合理配置是经济结构调整的内容之一。农民外出劳务又促进了经济结构的调整。如大量的农民外出劳务，有利于土地流转机制的形成，在解决土地规模经营和耕地撂荒问题之后，使一部分土地能集中到种养能手手中，为集约经营、规模经营、增强农业竞争力创造了条件。劳务经济改善了流入地劳动力紧缺的局面，对城市化建设起到了极为重要的推动作用。

外出劳务在区域经济发展中发挥了重要作用，首先是转移劳动力带回的资金对农户家庭的经营生产有很大帮助，能够使更多的资金投入本地的生产。其次是返回劳动力成为地区经济发展的加速器。由于打工者经受市场经济、城市工业文明的熏陶，增长了才干，开阔了眼界，锻炼培养了一批经历市场经济风雨、见识了工业现代化的经营技术人才和有一技之长的农民工。返回家乡创业，带回了资金、技术、管理经验及市场信息，成为当地农村经济发展的一支新生力量，培育出多方面的新的经济增长点，拓宽了就业渠道。他们中有的成为当地乡镇企业技术管理骨干，促进了乡镇企业的发展；有的自己投资办企业当老板，成为当地脱贫致富的带头人。

（二）农村劳务经济的成因

农村劳务经济是伴随着农民工的出现和强势发展而壮大的。但是，大规模民工潮现象的形成绝不是偶然的，它有着深刻的社会经济原因，长期以来，农村中诸种矛盾的集中爆发，也是社会经济发展的必然趋势。

农村实行家庭联产承包后，剩余劳动力要寻找出路。农村实行联产承包制以后，农村剩余劳动力问题变得十分突出。开始解决的途径是通过乡镇企业，其特点是"离土不离乡，进厂不进城"。1984年以后，政策的变化（允许农民自理口粮到城市落户，起因在于加强城市的副食品供给）拉开了农民大规模进城务工经商的序幕。随着乡镇企业吸纳农村剩余劳动力能力的下降，进城流动民工的人数在快速增加，由此形成了"民工潮"。比较利益驱使农民向城市和非农产业进军。市场经济是效益经济，同其他产业相比，农业的比较效益是最低的，许多农民为了增加收入选择了进城打工。

城市居民特殊利益的减少，为农民进城提供了条件。改革开放前，从粮食到副食及许多生活日用品都实行票证供应。农民手里没有任何票证，进城自然无法生活。随着票证制度的取消。农民只凭身份证就可以进城打工。因此身份证的实行和票证的取消，为农民进城打工提供了制度保障。

（三）农村劳务经济的特征

劳务经济是我国改革开放之后出现的一种特有的经济活动，它带有明显的区域性、阶段性，其特征主要表现为以下几点。

第一，劳务输出地的农村劳动力资源丰富，大量劳动力临时"离土离乡"到外地打工或经商等，外出劳务的人数达到了一定的数量，形成了较大的规模。

第二，外出劳务者的收入除了基本生活消费外，大部分带回或寄回家乡，在当地经济发展中占据了重要地位。外出劳务者群体，表现出由人力资源逐步变为人力资本的演变过程。

第三，外出劳务者的经济关系仍以农村家庭为主，保留有责任田，甚至还直接参与一些农业生产，随时可能停止外出劳务，回家继续从事农业生产或其他家庭经营活动。

第四，这种经济行为主要出现在经济发展速度相对较慢，交通方便和距离发达地区、城市较近的区域，或交通得到初步改善的区域。从静态角度观察，劳务经济可以缓解剩余劳动力的就业压力；从发展角度看，劳务经济是农村劳动力实现大容量转移的前奏。外出劳务既是农村劳动力实现转移的途径之一，也是其他多种转移途径或方式的前期准备和基础。从中长期的发展前景看，我国城镇化水平将大幅度提高，必将会有大量的农村人口转向城镇，面对这一重大发展机遇，必须转变观念，拓宽思路，立足于地方的实际情况，积极发展劳务经济，从而推动农村经济的快速发展。

（四）农村劳务经济的发展对策

1. 大力发展乡镇企业

发展乡镇企业是促进农村劳务经济稳定发展的重要渠道。改革开放以来，乡镇企业的发展对于缓解农村剩余劳动力就业压力，发展农村劳务经济，作出了巨大贡献。乡镇企业由于资本密集度较低，其就业生成能力比城市企业要高得多，在吸纳农村剩余劳动力方面，将继续发挥重要作用。

当前乡镇企业发展面临的制度环境和市场已经发生了根本性的变化。在新的环境下，乡镇企业不可能在所有的行业都与城市企业展开竞争。在经济发展进入结构大调整、大部分行业生产能力出现相对过剩的情况下，乡镇企业要适应国内和国际市场竞争的要求，对产业结构进行战略性调整，在农产品深加工、发展第三产业上大做文章，努力改变目前乡镇企业发展同城市工业"同构化"的问题，走与城市工业在结构上互补的路子，使丰富的农产品资源和充足的农村劳动力得到充分利用和发挥。

2.加快城镇化建设

要加速实行多元城镇化战略，根据国家多元城镇化战略规划，各级也都要制订好城镇发展建设规划，在规划中要把吸纳农村人口作为一项重要内容列入。必须按照科学发展观的要求，强力推进城乡一体化进程，统筹城乡协调发展，运用各种经济手段，吸引乡镇企业向小城镇集中，以此带动更多的劳动力就业。

3.形成城乡统一的劳动力市场

在市场经济条件下，只有充分发挥市场机制在配置劳动力资源方面的基础作用，才有利于最大限度地开拓就业门路。应当看到，目前劳动力市场的发展程度不高，特别是劳动力供求信息收集与发布、劳动力市场中介组织发育、劳动就业服务体系、劳动就业法律法规体系和就业制度方面，还不适应农村劳务经济发展的要求。

首先，要大力发展多种形式的劳动就业中介组织。逐步形成包括就业信息、咨询、职业介绍、培训在内的社会化的就业服务体系，帮助劳动力对转移成本、收益、风险作出正确的判断，以减少盲目流动而遭受的损失。

其次，要完善和规范政府对劳动力市场的管理。必须建立一整套促进农村剩余劳动力跨地区流动的市场组织体系以及调控和保障就业者权益的法规和制度体系。彻底消除各地方政府出台的限制外来劳动力就业的政策，健全劳动力市场规则，使外来务工者的合法权益得到切实的保护。

再次，要加大户籍制度改革的力度，逐步消除城乡劳动力市场的分割状况。户籍改革的核心内容是剔除黏附在户籍关系上的种种社会经济差别，真正做到城乡居民在发展机会面前地位平等，获得统一的社会身份。户籍制度改革的背后是城市用工制度的改革和城市原有福利体制的改革。在就业制度上，应建立"企业自主用人，劳动者自由择业"的市场化就业制度。在城市福利体制上，要逐步变国家财政暗补为统一的社会保障体制。建立新的人口登记和管理制度，就是要建立对人口实行开放式管理的户口制度。户籍制度的改革可以采取渐进的方式，可先在小城镇实行新的户籍管理制度，在取得局部突破的基础上，再循序展开。

4. 加强农村劳动力培训

提高劳动者素质，是进一步发展农村劳务经济的前提条件。劳动力的文化素质和技术素质是发展劳务经济的前提，如果没有适应劳动力市场需求的人才，再好的政策也无济于事。在过去从事劳务工作的农村劳动力中，普通劳动力多，有技术专长的少；从事体力劳动的多，搞经营管理的少。要提高农村劳动力对市场的适应能力，我们就要高度重视对劳动力的培训，提高劳动力的素质。既要培养有理想、有文化、有知识、有技术的新型农民，又要培养懂管理、善经营的农民企业家。充分发挥国家、社会和个人的积极性，建立各级各类的职业培训中心，形成全方位、多层次的劳动力培训体系，利用各种场地，采取长短结合的方式，培训有一技之长的劳动者，提高劳动力对市场的适应能力。

5. 积极发展劳务输出

随着经济全球化的不断发展，世界各国的人口迁移也越来越频繁，外籍工人或劳务输出成为当代国际移民的主要特征，也成为各地发展劳务经济的主要措施之一。因此，积极发展劳务输出，提高国际劳务市场的占有率已成为进一步发展农村劳务经济必然选择的主要措施之一。要根据发达国家及发展中国家对劳动力的不同需求，分别组织和培训大批农业劳动力出国。还可以充分发挥劳动力价格相对较低的优势，发展"三来一补"的外向型工业，在国内实现对外国劳务的输出，达到发展劳务经济的目的。

二、农村劳务经济管理的定义

农村劳务经济管理是指对农村劳务输出的各个环节进行指挥、组织、协调、监督等活动以达到预期目的的过程，其中主要内容包括以下几个方面。

（1）为农民工提供务工经商的信息，引导农民外出打工。

（2）为打工农民及其家庭提供服务，减少打工人员的后顾之忧。

（3）解决好外出务工人员的土地问题，避免资源的浪费。

（4）做好外出农民工的回流工作，特别是为打工人员回村创业创造条件。

（5）帮助农民工维护自身权益。

（6）做好农民工的技能培训，提高其就业的能力。

三、农村劳务经济管理的原则

农村劳务经济具有其特殊性，农民工具有较强的流动性，涉及劳务输出地和输入地两个区域的管理。所以农村劳务经济管理一般要遵循以下原则。

（一）服务为主原则

作为农民工的主管职能部门要坚持服务为主的原则。因为打工是农民自己的事情，乡村干部及相应的职能部门不仅不能干涉，而且还要鼓励农民外出打工，并为此提供便利条件，以寻求新的收入增长源。村庄要本着服务为主的原则，方便农民外出打工，同时利用村庄、资源，为农民打工创造条件，包括提供打工信息、组织农民外出打工、协助办理打工证件、组织农民进行专业技术培训等。

（二）主动配合原则

乡村两级及相应的职能机关都要主动关心打工农民家庭的生产、生活，为打工家庭提供力所能及的帮助，解除打工人员的后顾之忧，使打工农民能够安心地外出打工。

（三）协调关系原则

乡村两级几个主管机关都要主动帮助农民工妥善解决协调其家庭内部和家庭

外部之间以及与务工单位之间的各种关系，及时帮助他们解决各种矛盾，协调解决各种冲突，从而维护农民工正当权益。

四、农村劳务经济管理的特点

由于劳务经济具有分布不均衡的特点，所以农村劳务经济管理也相应地具有分散性、季节性、间接性三大特点。

（一）分散性

打工是农民自主决策、自主选择的过程，不受行业、地域分布的限制。因此，对外出务工者的管理具有分散性，即要针对个体提供相关服务和帮助。

（二）季节性

一般来说，农闲季节外出打工的多，农忙季节外出打工的少。因此，对打工经济的管理工作随着农忙与农闲的变化而有不同的侧重点。

（三）间接性

一般来讲，很难做到对打工者进行面对面的管理，只能通过电话、信件、网络或其他方式进行间接的管理。

五、农村劳务经济管理的工作

农村劳务经济管理工作是围绕打工行为展开的，包括在村民外出打工前要做些什么工作，村民打工中又要做些什么工作以及村民打工回乡后还要为他们做些什么工作。

（一）农村劳务经济管理工作的主要内容

1.挖掘打工信息，提高就业能力

市场是多变的，尤其随着城市下岗失业人员的增多，就业压力越来越大，对打工者的素质提出了越来越高的要求。要使打工为经济发展注入延绵不断的动力，

必须从两方面帮助农民外出务工：（1）逐步建立和完善劳务输出工作体系，为农民工务工提供及时、优质的服务。（2）要注重对市场就业信息的搜集，进行有针对性的岗位培训，以扭转以往农民进城在就业方面无发言权的弱势地位，使农民外出能够主动地适应市场需求，及时找到市场上的空缺职位。

2. 做好跟踪服务，维护打工权益

不管身处村内，还是村外，村民都是村里的一分子，对村干部来说，不能因为村民外出务工而放松了对村民的关心与管理，也不能认为村民打工是其个人的事而不加理会。在相对安稳的村庄内部，村民们尚且离不开村干部在各方面的指导，何况是复杂多变的外部社会。

长久以来，农民习惯于依赖土地，打工潮兴起的时间并不长，对他们来说，突然从一个"熟人社会"进入一个"陌生社会"，面临的最大问题就是远离了村庄之后如何维权。村干部作为农民外出务工的娘家人，一定要"一管到底"，对外出农民进行跟踪服务和管理，突破地域限制，适应打工经济特点，开展长线服务管理工作战略，为农民工维权护权。

3. 做好"回流"工作，鼓励回乡创业

对大多数外出务工的农民来说，最终还是要回归到农村、回归到土地上来。因此，打工只是短期内的增收途径，如何致富才是要考虑的长期目标。作为乡村干部，眼光一定要看得更远：增收不等于致富，打工不是目的，回乡创业才是最终目的。在加大劳务输出力度的同时，要积极为返乡人员提供创业平台，鼓励回乡创业人员承包、建设和开发，提高货币资金的资本转化率，甚至要把那些有社会经验、有组织能力的打工能人吸收到管理组织中来，选拔他们担任村干部，使他们真正成为建设现代新农村的领头雁，带动农村经济的全面发展。

打工者回乡创业的过程是打工者自身和村干部共同努力的结果，只有创造良好的创业条件，才能吸引打工者的目光，从而促进村庄经济发展走上了一条良性循环的道路。

总的来说，打工经济管理是一个多元化的行为过程，它既能解决问题，又对问题加以防范，更能规划未来。作为村庄干部，不仅要看到这一点，还要在今后的工作中，从务工农民的利益和需要出发，衡量长远和近期利益，积极地扶持并加以引导，有了"娘家人"做靠山，农民外出务工才会底气十足，没有后顾之忧。

（二）农村劳务经济管理工作存在的主要问题

劳务经济作为一种新生经济力量，经历了从无到有、由弱变强的发展阶段，暴露出的一些问题值得关注。

1. 组织、管理和服务化程度不够高

近年来，就业服务体系不断完善，各类职业介绍机构不断增多，政府部门组织的劳务输出比例也有所上升，但各级劳务机构的职能仍没得到充分发挥。不少地方开展的劳动技能培训流于形式走过场，部分技工学校办学理念不清，以逐利为目的的短期行为明显，难以培养出用人单位满意的劳动力；民间中介组织良莠不齐、欺诈行为仍然存在；务工信息网络建设起步较晚，作用也不够明显，农民外出务工的盲目性较大；政府职能部门重输出轻管理，很少对劳务输出人员进行有效的跟踪管理和服务。同时，外出务工人员的管理办证手续较烦琐，收费种类较多，一定程度上阻碍了劳动力有序转移。

2. 行政管理上的缺陷

当前，在劳务市场机制不健全的情况下，劳务输出在很大程度上要靠政府来提高组织化程度。但是，有些地方不但没有加强劳动管理机构的职能，反而取消了原有的乡镇劳动服务站，也没有安排专人专职，劳动管理工作成为搭头甚至空头，造成基础工作薄弱，管理服务缺位，劳务输出力度不大、效益不高。

3. 服务措施滞后

一是信息服务滞后。信息不对称的问题比较突出，一些农民与外界接触少，缺乏沟通，获得用工信息的渠道不多，获取的信息量少，即使心存外出打工的念头，也不知往哪里去，不知出去后干什么。二是农村社会化服务滞后。农村老人托养、幼儿托管等工作没有开展起来，一些外出务工人员在家的老人生病无人照顾，小孩读书、生活无人照看，影响了劳务人员安心务工创业。三是培训服务滞

后。培训服务量少面窄，大多数外出务工人员没有机会接受培训。有些地方虽然开展了职业培训，但培训机构单一，培训不经常。四是法律服务滞后。农民打工族是当今社会的弱势群体，工资被拖欠、工伤得不到及时足额赔偿、不给签合同、任意延长劳动时间、缺乏起码的劳动保护、没有劳动保障等问题比较突出。为农民工讨回公道，主要依靠法律途径，但目前农村基层司法力量薄弱，法律服务水平不高，一些司法人员虽有意援助，却力不从心。

（三）农村劳务经济管理工作的强化对策

劳务经济积累了丰富的实践经验，正日趋成熟。近些年来，各地高度重视发展农村劳务经济，改善服务，积极引导，农村劳动力转移已初具规模，初见成效。农民从非农产业得到的收入不断增加，基本生活条件不断改善，农村经济得到发展，仅仅依赖土地生存的意识逐步淡化。农村剩余劳动力转移呈现出新的态势：从事技术、管理工种的多了，向全国范围转移和国际劳务输出的多了，政府有序组织的多了，长期稳定务工的多了，劳务收入在输入地就地消费的多了。新形势下，必须进一步加强政府的组织引导作用，为外出务工农民和用工单位架起相互沟通的桥梁，减少"盲流"，使劳动力转移组织化、有序化。

1. 健全网络，优化服务，畅通信息

加强务工信息服务，充分发挥各级劳动保障部门的职能，发挥本地各级驻外机构的窗口作用，发挥社会中介和信息网络的作用，多渠道、多形式收集和发布市场用工信息。要让县、乡政府和有关部门、山区的农民及时了解用工单位、地点、用工人数、用工条件、工资和福利等情况，以便及时组织农村劳动力外出务工。

作为相关职能部门，要从方便农民外出打工的角度出发，简化手续办理程序，减免手续办理的相关费用，适当下放相关手续的办理权限，要充分发挥乡镇劳动服务管理站的作用，上下联动，主动出击，迅速建立起与全国联网的劳务信息网络，做到信息宽领域、广覆盖，管理科学，反馈及时，形成一种容量大、反应快、全方位、多层次的信息服务体系。

2. 积极引导输出，降低务工成本

一是宣传引导。利用会议、板报、广播、电视、打工能人典型推介等多种形式，发布用工信息，鼓励农民外出务工经商。在劳务输入地，加大宣传力度，打造强势品牌，如"东安保安""新田保姆"，提高社会认知度。

二是中介机构引导。充分利用劳动服务公司、社区居委会劳动和社会保障服务站、劳动职业介绍所等多种形式的劳动服务中介机构，引导农民外出务工；同时各级各部门也可根据实际大力开展劳务职介工作，完善劳务服务；进一步拓宽"定向培训"和"订单输出"的新路子；搞好外派劳务基地建设和全省劳务输出基地学校的挂牌工作，促使劳务经济迈上产业化的道路。

三是能人引导。部分县区可以召开"打工能人"座谈会，到沿海等经济发达地区走访慰问"打工能人"，鼓励他们引导、带动更多的农民走出家门务工的做法既可以推动劳动力有序转移，又可以降低劳务输出成本，值得推广。

四是加大执法，密切合作。各级政府和劳动监察、工商等执法部门要齐心协力，加强对用工单位的管理，规范其企业行为，保障外来人员的合法权益，要加大对各类非法劳务中介组织的打击力度，坚决取缔非法中介和地下"黑网点"，下大力气规范劳务中介行为，切实维护农民利益；县、乡、村三级要加强同劳务用工密集区政府及劳动部门的协作联系，建立起劳务合作伙伴关系，根据用工地区、单位的要求，及时输送合格的劳务人员，定期调查，针对打工人员开展维权活动，为外出打工党员提供组织生活方便，实行由单一的劳务用工输出向劳动就业全方位的跟踪服务。

3. 开展多种培训，提高就业能力

在一定意义上说，发展劳务经济，转移农村富余劳动力，是劳动者的素质和就业竞争能力的体现。随着市场经济的发展，用工单位对劳动力的素质要求越来越高，低素质劳动者就业范围越来越窄。因此，应及时调整劳务输出战略，按需培训，提高农民工就业竞争能力，尽快实现由输出体力型农民为主向输出技能型农民为主的转变。在培训形式上，可采取办培训班、以会代训等形式；在培训内容上，要侧重于基本知识和基本技能的培训。具体地讲：一是开展技能培训。整合教育培训资源，组织各类技工学校、劳动服务中心等就业培训机构开展系统性的技能培训，如"保安""保洁""家政""营销""酒店服务"等专业技能培训。二是加强专业培训。劳动服务机构在每一批劳务人员上岗之前，应组织他们进行法律法规、安全生产知识等培训。如《劳动法》《合同法》《保险法》等法律常识、企业管理基本知识、安全知识以及特殊情况下的应急自救能力方面的知识，提高外出打工人员的自我保护意识，提前做好相应的心理准备。三是进行脱产培训。利用乡村夜校及各种技校定期组织农民进行培训，讲授文化、科技与法律等方面知识。

4. 强化服务保障，提供创业平台

把保护在外务工人员的合法权益作为优化服务的首要工作来抓。一是为外出务工人员免费提供法律法规咨询，帮助调解纠纷，保护他们的合法权益。二是组织劳动、计生等有关部门定期分赴务工人员较多的深圳、东莞等地，为打工人员开展办证服务的同时，主动与用工单位协调关系，为打工人员创造良好的工作环境。三是进一步完善各项管理机制，完善农村养老保险，强化社会关爱，净化社会环境，尽快实现农村"老有所养，少有所教"的局面，免除在外务工人员的"后顾之忧"。

在农民工回乡创业上，作为劳务输出地政府和村（居）委会要利用一年一度打工人员返乡过年的机会，分层次分对象召开打工人员座谈会，表明地方政府态度，让他们现身说法，介绍经验，交流思想感情，加强横向联系。地方政府和各职能部门要共同配合，加强协作，为打工人员提供优质的后勤保障，如在外出打工后的土地流转、子女入学、老人赡养、税收征缴等方面都要给予优先考虑，解决其后顾之忧，让其在外地安心打工。同时，要积极创造条件，提供政策支持，引导消费，为返乡人员回乡创业提供便利，发展地方经济。各地可利用打工人员的资源优势，加快推进地方农业和农村经济的战略调整，充分利用返乡人员发展优质高效农业，结合各地实际，承包农业基础设施，发展优质水果、水产养殖等；

推进农业生产化，培植和壮大支柱产业，重点培植一批返乡人员创办支柱产业，鼓励他们发展农产品加工业、交通运输业、旅游服务业；利用外出打工人员众多、分布面广、信息量大的优势，积极开展招商引资，为地方经济发展提供资金、技术、人才支持，实现"输出人员，引回人才，输出劳动力，引回创业者"的双赢目标。

5.建立农村劳动力资源库

摸清家底，建立农村劳动力资源档案，是劳动力输出为适应劳动力市场的需要，成建制、成规模组织劳务输出的重要基础工作，也是领导机关制定打工经济政策措施的重要依据。对农村劳动力和外出打工的情况进行逐乡、逐村、逐户造册登记，建立农村劳动力资源档案，用计算机进行动态管理。

第三节　乡镇企业经营管理

一、乡镇企业的概述

（一）乡镇企业的定义

20 世纪 80 年代以来，我国乡镇企业获得迅速发展，充分利用乡村地区的自然及社会经济资源，向生产的深度和广度进军，对促进乡村经济繁荣和人们物质文化生活水平的提高，改变单一的产业结构，吸收数量众多的乡村剩余劳动力，以及改善工业布局、逐步缩小城乡差别和工农差别，建立新型的城乡关系均具有重要意义。乡镇企业已成为我国农民脱贫致富的必由之路，也是国民经济的一个重要支柱。

乡镇企业是指以农村集体经济组织或者农民投资为主，在乡镇（包括所辖村）举办的承担支援农业义务的各类企业，是我国乡镇地区多形式、多层次、多门类、多渠道的合作企业和个体企业的统称。所谓投资为主是指农村集体经济组织或者农民投资超过 50%，或者虽不足 50%，但能起到控股或者实际支配作用。从所有制形式看，乡镇企业包括乡镇办、村（村民小组）办、联户（合伙）办、户（个体私营）办、股份合作制办、股份制办、中外合资、合作办等多种形式；从产业分布看，它从事工业、商业、交通运输业、建筑业、饮食服务业、现代种植业、养殖业等一、二、三产业，生产经营活动几乎涉及国民经济的各个领域。

从企业组织形式看，它既有公司制，也有合伙制、个人独资制；从企业规模看，有一些大型企业，但大部分是中小型企业，是我国中小企业的主体。

乡镇企业与一般企业一样具有三个基本属性，即经济性、营利性、独立性。经济性是指企业的首要属性，就是指通过商品生产和商品流通，为消费者提供使用价值，借以实现自己价值的活动，也称商业性。只有从事经济活动才能成为企业。营利性是指企业为营利而经营的经济组织。有些组织，虽然从事经济性活动，但不以营利为目的，如良种实验厂，也不能成为企业。是否以营利为目的，是区别企业组织和事业单位的主要依据。独立性是指企业必须具有能够独立核算、自主经营、自负盈亏资格，是独立的法人组织。企业与工厂不是同一个概念，工厂是工人从事工业生产活动的场所。有些工厂，虽然从事经济性活动，以营利为目的，但不具备独立性，就不能称为企业。

扶持和发展乡镇企业，是邓小平理论的重要组成部分，新时期发展乡镇企业更具有重要意义。乡镇企业是大农业和大工业的交集，是我国农民发展经济的成功创造与实践。实践证明，发展乡镇企业是解决农村、农业、农民即"三农"问题主要途径，无论是农业的工业化，还是农民的富裕化、农村的城镇化都离不开乡镇企业的发展。我国是农业大国，农民众多、农村相对落后，我国经济新一轮的发展，最大的内需存在于农民之中，而启动农民需求的关键是乡镇企业的发展。农业的结构调整、农业的规模化和现代化，必然导致农村劳动力的大量剩余，现在农业的生产不需要这么多的劳动力，城市也承受不了大量农村劳动力进城。上亿农民的再就业是一个关系国计民生的大问题。农村剩余劳动力转移的最主要途径就是流向乡镇企业，流向小城镇。也就是说要引导农民脱离一产，进入到二产和三产。农产品的增值，关键是通过农产品精深加工，通过农业产业化来实现，而产业化的载体就是乡镇企业。通过培育和发展农业产业化龙头企业，实现农产品增值的长期效应。一定意义上说，对产业化龙头企业的扶持就是对农业和农民的支持，就是为农民进一步致富创造新条件。乡镇企业发展到一定程度，必然要求走向集聚和规模化、现代化。这种集聚效应要求企业间加强配合与协作，进行产业链精细分工以及共同解决环保、服务、信息、人力资源等公共利益问题，这就要求必须加快工业园区和小城镇的发展。乡镇企业的发展带动了小城镇的建设，小城镇的发展又促进了乡镇企业发展的升级。

（二）乡镇企业面临的问题

1. 内部管理制度比较落后

长久以来，乡镇企业的内部管理始终以粗放式经营为主，大多数乡镇企业存在着任人唯亲、任人唯近的裙带关系，缺乏合理的绩效考核机制和人才选拔机制，从而导致家族式管理方式的产生。在对待企业员工方面，企业管理者忽视了企业员工既是"经济人"，也是"社会人"的现实。

企业员工不仅有物质方面的需要，而且还有社交的需要、尊敬的需要、自我实现的需要，很多企业缺乏激励机制；在员工培训方面，缺乏系统性和连续性，甚至不进行培训，很多乡镇企业为了企业短期经济目标的实现，往往只对企业员工进行一般职业技能的培养，而且时间较短，制约了员工整体素质的提高。

2. 缺乏资金供应和技术创新

从生产要素来看，资金缺乏仍是困扰乡镇企业发展的主要难题。由于大多数乡镇企业都是从农村的集体企业发展起来的，其资金主要来源于自身的经营利润，很少享受到国家的补贴和帮助，因此并无稳定的资金来源。当企业的资金链出现问题时，企业很容易因为缺乏外部资金支持而处于困境，甚至导致破产。我国乡镇企业长期以来主要从事那些科学技术含量低、环境污染严重、浪费资源的低水平产业，产品生产只重数量，忽视质量，片面追求产品的低成本，因而严重影响了乡镇企业在市场中的竞争力。

3. 人才和劳动力缺乏

目前我国乡镇企业以劳动密集型为主要特征，缺乏高素质的人才。缺乏人才和技术是乡镇企业普遍存在的问题。一般情况下，外资企业和大型国企依靠其雄厚的资本和技术、管理等多方面的优势，一方面，它们必然会留住很多高技术、高学历的人才，使得较少有人才来到乡镇企业发展；另一方面，城市会吸引农业剩余劳动力的转移，这些农业劳动力以"民工潮"的形式流向东部沿海城市的工业或服务业，使得乡镇企业缺乏基本的劳动力，产生了对外吸引不了人才，对内留不住人才的尴尬局面。

（三）乡镇企业的发展策略

1. 实行多元化发展

为了适应市场的多变，乡镇企业应采取多元化的经营战略。这种多元化的经营战略，应该是在充分考量企业自身发展的实际，同时考虑本地区的各种资源，包括自然资源、劳动力资源及文化资源的特点，发展具有地方特色的多元经营领域。同时，乡镇企业多元化的生产经营方式、灵活多变的经营战略，既有别于国有企业单一化的生产经营现状，又有别于其他类型企业单纯以营利为目的的经营方式。

2. 改善经营机制

能否建立一套灵活有效的经营机制，是乡镇企业能否取得成功的关键所在。企业应有灵活的发展和营销机制。乡镇企业的生存与发展始终依赖于市场，以市场为导向，充分发挥市场机制的作用，按照市场需求来配置资源，组织生产经营活动，成为乡镇企业发展的基本规律。积极汲取先进企业的管理经验，认真学习现代化管理知识，及时总结本企业的管理经验。国内外的先进企业，特别是国内的经济体制改革的试点企业，它们在生产管理、质量管理、劳动管理、财务管理、物资管理等方面有许多成功的经验。

3. 加快乡镇企业的技术创新

创新永远是企业长久发展的动力。从总体而言，乡镇企业技术进步的思路应是：首先，尽量采用适合乡镇企业当前情况的先进适用技术。乡镇企业的经济、技术水平很不平衡，采用技术应因地制宜，发达地区和不发达地区应区别对待。其次，搞好规划，量力而行，循序渐进。尽管技术创新主要还是市场行为，技术创新的主体是乡镇企业，但为了促进乡镇企业的技术创新，县及乡镇级政府和乡镇企业领导都要有技术创新意识，要制订鼓励乡镇企业技术创新的政策，强化政府激励技术创新的手段。

4.建立有效的人才战略

一方面，立足培养是开发乡镇企业人才的战略基点。乡镇企业培养本地的技术人才应从本地的实际情况出发，综合运用各种灵活的培训方法，开发企业现有人才资源和本乡镇的后备人力资源。另一方面，乡镇企业积极引进急需的人才，尤其是技术骨干和专业带头人，在这一点上，应该大胆引进，在不违反原则的情况下，不惜花大代价；更要建立好自身的企业文化和人力管理制度，吸引更多的外来人才。

二、乡镇企业经营的基本管理

乡镇企业经营管理是根据企业的特性及其生产经营规律，按照市场反映的社会需求，对企业的生产经营活动进行计划、组织、领导、控制，充分利用各种资源，不断地适应市场变化，满足社会需求，同时求得企业自身发展和职工利益的满足。我国是一个农业大国，大量人口和劳动力聚集在农村，农业生产落后，耕地有限，农村经济发展缓慢。发展乡镇企业好处很多，可以为农业富余劳动力提供就业机会，增加集体收入，提高农民生活水平，繁荣农村市场，缩小城乡差别、工农差别，等等。同时，发展乡镇企业为我国实现工业化，避免工业过分集中在大城市，改善工业布局作出贡献。

创办不同形式的乡镇企业有不同的具体条件和程序。比如，创办有限责任公司和股份有限公司，要按《中华人民共和国公司法》规定办理；创办中外合资合作经营企业要按《中华人民共和国中外合资经营法》《中华人民共和国中外合作经营法》规定办理；创办乡村集体所有制企业要按《中华人民共和国乡村集体所有制企业条例》的规定办理；创办合伙企业要按《中华人民共和国合伙企业法》的规定办理；创办私营企业要按《中华人民共和国私营企业暂行条例》的规定办理；创办农民股份合作企业要按《农业部农民股份合作企业暂行规定》办理。创办以上企业要根据企业法人登记管理条例及其施行细则的规定，依法在工商行政管理部门办理登记注册手续。乡镇企业变更是指企业在存续期间或者停业、终止阶段，企业发生重要事项的变动或者关闭、解散等法定情形。前者包括企业改变名称、住所、经营场所、法定代表人、经济性质、经营范围、经营方式、注册资本、经营期限以及增设或撤销分支机构等；后者包括企业的分立、合并、迁移、停业和终止等。根据企业法人登记管理条例及其施行细则的规定，非公司乡镇企业的变更应向登记主管机关申请办理变更登记，并提交法定代表人签署的变更登记申请书、原主管部门审查同意的文件，其他有关文件、证件等。公司形式的乡镇企业变更登记事项，应向原公司登记机关申请变更登记，并提交公司法定代表人签署的变更登记申请书、依照公司法作出的变更决议或者决定、公司登记机关要求提交的其他文件。根据《中华人民共和国乡镇企业法》规定，乡镇企业在设立、改变名称、住所或者分立、合并、停业、终止等情况时应当报乡镇企业行政主管部门备案。

乡镇企业经营管理的原则主要有以下几点：一是对任何企业都有明晰产权的要求，乡镇企业也不例外。所谓明晰产权就是要明确责、权、利的关系，只有这样才能调动各个方面的积极性，顺利地实现企业的经营目标。乡镇企业所采用的几种经营方式，都是按照这一原则作出的努力尝试。二是保值增值的原则。乡镇企业不管采取什么经营管理方式，企业资产的保值增值是第一要务。这是由企业赢利目标决定的；也是企业生存发展的基本要求，更重要的是为了维护乡镇企业的所有者权益。所以保值增值既体现在企业法人整体资产的保值增值方面，也体现在乡镇所有者控制的资本份额的保值增值方面。三是公益服务的原则。这是由乡镇企业的产权特点决定的。乡镇企业支持村级公共事业发展的职能，具体的实现方式是除了企业留利扩大再生产外，把一部分企业利润的分配用于村级公益性投资。乡镇企业如果能真正坚持这一原则，实现持续发展的可能性就比较大。

第四节　农业承包合同管理

一、农业承包合同的概述

（一）农业承包合同的定义

农业承包合同是指在实行农业家庭承包经营过程中，农村集体经济组织与其内部成员及其他承包者签订的明确双方在生产、经营、分配过程中权利、义务关系的书面协议。

一般可按承包项目划分为耕地、果（茶、桑）园、林木、水面、草原、荒地、农业机械、水利设施等承包合同。农业承包合同一经签订，即具有法律约束力，农村承包经营户的合法权益受法律保护。一般讲规范的农业承包合同同时应具备以下三个条件。

一是标的必须是集体所有或者国家所有，但依法确定给集体长期使用的土地等生产资料。

二是合同双方是指农村集体经济组织与其内部成员或其他承包者。

三是合同双方表现为承包关系。

（二）农业承包合同的特征

1.合同标的不可移性

农业承包合同的标的是集体所有或者国家所有，但依法确定给集体长期使用的土地等生产资料，标的都是固定的、不可移动的，农业承包合同的标的具有不可变性。

2. 合同主体的双重性

合同双方虽有组织与成员的关系，但在合同签订后直到合同终止的合同履行期间，在涉及合同内容时，双方的地位是平等的。也就是说承包合同双方当事人存在双重身份和关系，即在履行承包合同规定的权利义务关系上，法律地位平等；而在组织关系上，双方表现为组织与成员、管理与被管理的关系。

3. 承包行为的复杂性

表现在既要符合自然再生产的特征，又要遵循经济再生产的规律；既要发挥分散经营的长处，又要体现统一经营的优势，实现统与分的有机结合；既要遵守有关政策法规和集体经济组织全体成员的民主决定，又要引入竞争机制，追求利益的最大化，实现公平与效率的统一；既要体现承包项目自身的合理性，又要考虑组织内不同产业和行业收益的平衡性。

4. 承包经营的连续性

这是农业生产的内在要求，因为农业生产是自然在生产和社会再生的有机统一，又是一个循环往复的不间断过程；这也是为防止粗放经营、掠夺经营等短期行为发生的迫切要求。

5. 承包目的利益的一致性

承包双方的目的是农业生产的稳定增长和产出最大化以及农民收入的增长。在利益上由于承包方上缴集体的承包金要用于集体生产与福利，作为集体成员的承包方均可享受，体现了利益共享性。

（三）农业承包合同与一般的经济合同区别

1. 双方的关系不同

出租人对承租人的经营状况概不负责，租金则完全由出租人自享；承包人只是一个相对独立的商品生产者，承包金则由包括承包人在内的本经济组织全体成员共享。

2. 权利让与的程度不同

出租人只对租金和财产的完整无损有要求，承租人有较充分的经营自主权；发包人不仅对承包物的使用方向、使用方式有要求，而且对于利用率和生产率都有要求，如承包人不得荒芜土地、粗放经营等，承包人经营自主权远没有承租人充分。

二、农业承包合同的规范化管理

（一）农业承包合同管理当中存在的不规范现象

1. 承包合同管理机构不健全

在我国部分农村当中，并没有农业承包合同管理机构。在很多情况下，都只是口头协议，并没有真正意义上的书面合同，导致纠纷产生。

2. 签订农业承包合同时合同双方权利义务不明确

在订立农业承包合同的过程中，有时签订的权利和义务都得不到履行。有时出现合同的一方将自己的意志强加给另一方的现象，甚至出现无期限合同。

3. 签订农业承包合同时手续不齐全，表达不清楚

农业承包合同手续不全主要表现在公章不齐全或盖错公章。表达不清楚主要表现在字迹马马虎虎、模糊不清，缺字及语句有歧义，存在代签现象。

4. 相关业务工作人员素质较差

许多业务人员未经相关的正规业务培训，不清楚相关的法律、法规、政策，理解较为片面。

（二）农业承包合同规范化管理的措施

1. 健全落实各村承包合同管理机构

任何经营项目的发包，都是一件直接关系全村人民切身利益的大事。因此，应该设立专门的承包合同管理机构，防止在承包过程中出现意外。有些地方，政府部门虽然没有落实专门的承包合同管理机构，但是村委会应该负起责任来，可以自己组织村委会相关人员，负责承包合同的管理。

2. 明确合同双方的权利与义务

在签订承包合同时，合同双方的地位是平等的。因此，在签订合同的过程当

中，合同双方都应该遵循自愿原则，合同双方都不能违背对方的意愿或是强迫对方签订的合同，同时也应该明确双方的义务与权利。

在我国，通过家庭承包责任制取得的农村土地承包经营权可以依法转包、出租、互换、转让或者其他方式流转。当承包方采取转让方式进行承包土地流转时，承包方必须得经过发包方的同意；当承包方采取转包、出租、互换或者其他方式进行土地流转时，承包方必须经得发包方备案。

3. 合同文本和签订合同手续必须规范统一齐全

农业承包合同周期都较长，因此在签订合同时，手续必须齐全，以保障后期出现意外时有据可依。项目发包时双方应提供的材料如下：合同双方相关法人的身份证明，合同双方的营业执照、税务登记证、双方的经营资质及授权委托书，场地及经营能力证明。项目登记管理应该注明项目的名称、位置、面积大小及经营期限等。此外，在签订农业承包合同时，双方代表都要在合同上签字盖章，由村经济合作社发包的，还应加盖公章。

在合同的书写上面，不能字迹潦草，要字迹工整，使合同双方都能看清，同时相关的语句要通顺，不能有歧义。合同中不能漏字或出现错别字，以防止出现意外时合同里面的内容不是当初签订合同时想要表达的意思。在最后的签字上面，合同双方一定要按照双方身份证上面的名字签字。

4. 提高相关管理人员素质

承包合同管理部门应该提高相关业务人员的素质。作为领导管理者，要定期对相关业务人员进行考核和培训。不仅要进行合同制订的相关理论培训，更要进行承包合同案例的分析，既要有正面案例的分析，也要有反面案例的分析。

要高度重视培训，培训不是走过场，更不是形式主义。同时，单位领导管理者要对相关业务人员进行道德素质教育及法律教育，提高业务人员的道德水平及法律水平。承包合同管理部门在人才建设方面，要以目前单位内部业务人员为基础，大力培养综合型人才，使之在面对突发状况时，可以合理及时的应对。另外，承包合同管理部门要建立严格的淘汰制度。单位领导管理者要定期对业务人员进行考核，对优秀的业务人员要进行重点的培养，对专业技能及思想道德素养低下的要果断淘汰。同时，部门要规范选拔制度，积极引进优秀的大学生人才。

随着我国新农村建设的不断推进，越来越多的农业项目将被委托给承包企业。因此，在农业项目承包中需要制订一套规范的合同管理制度来保障项目的正常运行。规范化的农业承包合同管理是推动我国新农村建设、促进社会主义和谐社会形成、提升农民生活水平、推动农业和经济发展的重要手段。

第五节　农业产业部门管理

一、林业经济管理

（一）林业经济管理存在的问题

随着人们环保理念的日渐增强，林业产业作为调节气候、净化空气的重要基础产业之一，在"可持续发展"的战略规划下，成为当前基层林业部门的核心发展方向之一。近年来，林业产业机构在不断地调整和深化，林业经济也有了更好的发展，为在生态、经济、社会等多方面价值的充分发挥奠定了坚实基础。根据分析，我们可以得出结论：能否实现林业经济的可持续发展目标最为重要的影响因素就是森林资源的储备量。总之，林业资源的丰富可以带来相对较高的经济效益价值，反之则会降低其价值水平。

随着城市化和工业化进程的加速，社会各界对林木的需求量不断攀升，虽然某种程度上推动了林木业的进一步发展，但随着时间的推移，林木资源不断减少，这给其下游产业的发展带来了负面影响。因此，为了实现林木业经济项目的可持续发展，必须统筹提高经济和资源保护的协调发展水平。此外，当前林业经济高速发展的进程中，存在以下经济管理问题，这些问题也是制约林业发展的重要瓶颈。

1.林业产业化水平有待提升

林业产业化水平的高低一直是推动林业经济可持续发展的重要动力，然而，由于我国资源分布极不均衡，尽管近年来森林覆盖面积得以提升，但完整的产业化链条仍未能形成。此外，林业管理工作目标过度集中于林业产业的生态效益，导致林区与外部森林市场的对接程度较弱，对其产业经济发展造成了极为不利的影响。

只有实现林业的产业化管理，才能更好地优化林业资源。有些地区因为受到经济发展和地域条件等因素制约，林业产业经济的发展受到影响，或无法形成完整的林业产业体系。有些林业企业在林业经济发展中没能发挥自身优势，不能有效地和林业市场对接，造成林业经济发展困难，不利于林业长远发展。

2. 林业产业开发管理人员储备不足

在"绿色发展"理念的指导下，我国林木产业建设的步伐不断加快。尽管在某些方面林业资源有了显著提升，但由于过度集中于林区建设和林木保护，人力资源的教育培训忽视了对产业经济管理人员的培养，从而使得林木业向外输出的大多只是最基本的林木资源，这很大程度影响了林业产业附加值的开发。

科学的林业经济管理离不开林业经济管理技术人才，但是受多种因素影响，我国有些地区的林业经济管理人才比较缺乏，尤其是和国外的林业经济管理人才差距较大。随着经济发展，人们对林业产品的需求量不断增加，对林业经济管理人员提出了更高要求，在此背景下，应加大对林业经济管理人才的培养力度，可以定期组织培训，满足林业经济管理人员的成长需求，为推动我国林业经济发展提供人才支持。

3. 林业资源过度开发

随着经济发展和工业化水平加快，在推动社会进步的同时也造成了严重的自然资源破坏，导致生态环境恶化，阻碍了林业产业全面发展。另外，一些偏远地区还存在乱砍滥伐现象，导致林业资源被破坏，林业资源的总体产量不断下降。

当前，从我国林业资源的发展情况来看，只有加强对林业资源的管理和保护，才能更好地推动我国林业经济发展。随着近年来我国不断完善和出台法律法规，在防止乱砍滥伐等问题方面发挥了重要作用，给予了林业生产一定的恢复周期，确保了林业资源的开发和利用，促进了林业经济增长，并且协调了生态环境发展。

4. 林业经济管理工作缺失

林业经济管理的主要目的是推动林业经济更好地发展，确保广大林农的经济收入，这就需要制订完善的林业经济管理措施。虽然有些部门加大了对林业产权的建设力度，但是在实际操作的过程中落实存在困难。针对林业经济管理，需要精准判断林业产业方向，但是当前林业经济管理中的林业产业发展与规划的偏差较大，一些林农不了解林业经济在市场经济中的地位，不理解林业和相关产业之间的关系，影响林业经济管理的科学化和正规化。

（二）林业经济创新管理的策略

1. 建立健全完善的管理制度

人们越来越关注林业经济发展的质量和管理效率，尤其是在全球经济一体化建设进程不断加快的今天，作为国民经济的重要组成部分，它所受到的关注度是极高的。但是我们必须注意传统计划经济对我国的经济模式影响深远，因此，很多林业产业还在使用传统的经济管理模式。这种情况下，工作开展很难落到实处，无法使林木资源的利用率获得最大化，这对产业的整体发展来说是非常不利的。要想解决以上问题，首先要改革相关的经济管理手段，除了要促使现阶段的基层林业部门朝着核心方向发展，更要保障各项作业流程的顺利实施。其次，要采用新的林木采伐制度和林业检疫管理制度，这样才能保证自身的经济利益得到充分保护，同时减少林业安全隐患，获得更高的林木附加值，为企业的发展奠定基础。

在可持续经济发展背景下，林业经济管理应采取市场化的管理方法，相关工作部门要给予资金支持，开展全面的创新和管理模式，应对市场发展变化情况。相关林业部门在管理过程中必须严格遵守相关绩效指标，保证管理制度化发展，降低管理成本，提高林业经济管理效益。

重视林业信息技术管理应该建立完善的信息技术数据库，提高林业经济管理水平。在森林动态监控过程中，利用实时数据交换能更好地了解森林资源管理情况，随着经济发展及生态环境恶化，环境保护已成为当前必须解决的问题。为了更好地管理和保护森林资源、推动森林经济的可持续发展，应重视森林资源的重要性，认识森林资源管理在林业经济可持续发展中所扮演的重要角色。相关工作部门应采取科学的方法，制订完善的森林管理模式，在具体实施过程中推动森林资源的利用率，推动森林资源的可持续发展。

2. 创新林业人力资源管理模式

当前的社会主义市场竞争呈现出多元化的样态，在这种情况下，具有科学性、合理性和有效性的林业经济管理就显得至关重要，这是林业经济作为国民经济的重要组成部分对社会整体发展的重要作用。改进和创新其管理模式能够从根本上促进林业经济的稳定发展。在当前林业经济高速发展的产业时代背景下，基层林业部门应将人力资源管理置于林业经济发展的首位，并采取多种有效措施提高人力资源培养的科学性、合理性和有效性，从而为后期各项经济管理工作的顺利实施奠定良好基础。

3. 建立阶段性的林业发展目标

林业经济发展和生态价值的发挥是一个长期的过程，但是部分林业部门只看到了短期的企业利益，急于在发展中获利，这使得很多森林资源都受到了不同程度的破坏，也不利于企业长久的发展。因此，确立阶段性林业发展目标是确保今后林区各项工作有序开展的重要基础，以确保林业经济的稳步发展。一方面，在制定管理目标时要以当地林区的实际情况为准，遵循科学发展观和可持续发展理念，这样才能获得可操作性的阶段性林业经济管理目标；另一方面，林业发展目标一般分为短期和长期两种，其中短期目标是加强林区基础设施建设和培养本地龙头企业，这也是当前林业产业机构发展的重要目标，同时也是实现林业产业资源有效、合理配置的关键。

4. 科技兴林

随着科技的不断进步，林业经济正朝着科学化的方向发展，这为林业经济模式的转型提供了有利条件，同时也淘汰了传统的粗放式林业经济管理模式，林业经济管理的技术含量有了大幅度的提升。林业经济的可持续发展需要建立在科技兴林的坚实基础之上，同时推进林业经济的精细化发展。

在推进科技兴林的进程中，创新林业经营模式是重要环节之一，采用高品质的林业经营管理模式，才能改善当前林业经济管理的现状，从而确保林业的经济效益和生态效益。科技兴林是将现代化的科技信息手段与林业经济管理模式有机融合，以推动林业经济管理向更加现代化和精细化的方向发展，与传统的林业经济模式形成鲜明对比。

深化林业科技体制改革，将林业科技与科研路线有机融合，拓展林业经济发展的科研成果，最大限度地将科研成果应用于林业生产建设之路。同时还要在基础资源与技术应用的综合方面加大力度，创新林业木材的加工生产模式，不仅能使林业产业获得更高价值的技术，更能使林产品的附加值进一步提高，从而在市场竞争中获得一席之地。

5. 加大植树造林的力度

当前社会发展的重心是建设市场经济，因此对林业经济的重视程度较低，导致林业产业发展比较缓慢。为此，应加大植树造林力度，提升森林资源的覆盖率，提高林业产品开发利用率。通过提升森林资源覆盖率可以减少土地沙漠化，保护当地的生态环境，还可以加大对植被的保护力度，在森林开采的过程中要严格遵守规章制度，大力惩罚不合理的开采行为。坚持防治结合的模式，在推动林业经济发展的同时保护植被和生态环境。政府可以组织广大人民群众参与到义务植树活动中，真正了解林木在改善生态环境方面的作用，让市民为林业低碳经济的发展贡献力量。

6. 完善林业经济发展服务体系

林业产业涉及的内容较多，不仅包括森林植被的栽种和后期的养护，同时也包括林产品的经济网。完善林业经济发展服务体系可以有效推动低碳经济模式的顺利开展。有些地区的林产品资源比较丰富，并且种类繁多，但是市场需求量小，会影响林业产业发展。因此，相关工作部门应建立完善的林业经济服务体系，为林业经济管理提供可靠有效的信息，保证林产品加工和销售应对市场需求，确保林产品有销路和市场。相关工作部门可以派遣专业技术人员进行市场考察，以便为林业生产提供精确的指导，从而推动林业产业的良性发展。

7. 加大林业执法力度

加大林业执法力度对推动林业经济管理的有效落实具有非常重要的作用，相关林业执法部门应加大对木材销售环节的监督和管理力度，保证木材的合理利用，严厉打击违法行为。

加大对木材砍伐的管理力度，开展专项整治工作，在打击违法行为的同时要做好预防工作，坚持治理和预防相结合的原则。加大打击力度，扩大打击范围，对林业造成严重破坏的行为必须要移交相关工作部门查处，主要包括对野生动植物资源的破坏行为。在林业管理中，要严格遵守相关法律和法规，防止出现毁林现象，要做好整改工作，并在规定时间内完成整改，如果未完成应该移交上级管理部门，明确执法的范围。

8. 给予经济和政策上的支持

在林业经济管理中，相关工作部门应给予政策方面的支持，为林业经济发展提供政策优惠和宽松的环境，确保林业经济管理工作的高效率和稳定开展，为其发展提供充足的动力，推动林业经济的可持续发展。林区周围的农民应重视林业经济管理工作，并且积极调动广大人民群众开展植树造林工作，提高森林植被的覆盖率，发挥林业产业价值。此外，林业经济管理部门还应进一步优化经济管理模式，利用国家的优惠政策，提高林业生产建设的经济效益和生态效益，为推动林业经济的可持续发展奠定基础。

随着全球经济一体化进程的不断加速，林业经济作为国民经济的重要组成部分，必须进行经济管理模式的创新以适应多元化的发展趋势。随着林业产业信息化水平的不断提升，在林业经济管理工作中引入信息化管理系统是未来林业经济管理发展的必然趋势，这样既可以有效提高工作效率，又能减轻工作压力。同时，在整合林业产业资源、推动林业经济管理工作进一步发展等方面发挥着积极作用。在当代社会，随着社会主义市场经济的不断发展和经济管理体系的不断完善，林业经济的发展方向已经从传统的林木生产向环保生态健康建设转变，从开山建田转变为退耕还林，从原始天然护林转变为人工护林。

在全球气候变暖和生态环境日渐恶化的背景下，在林业产业发展过程中应该坚持低碳经济发展模式，除了需要政府的资金和技术支持之外，还应该加强对林业经济管理的创新和改善。在保护生态环境的同时确保低碳经济的深入发展。总之，随着社会主义市场经济的不断发展和经济管理体系的不断完善，人们会越来越关注林业经济的发展质量和管理效率，主要是因为林业经济是国民经济的重要组成部分。然而，要从根本上推动林业产业的发展更加健康、稳定，能够收获更高的经济效益，就必须改革并创新当前的经济管理体制，这是在"绿色发展"理念下林业部门工作的重点。

（三）低碳经济环境下林业经济管理的优势

当今，低碳经济已成为主流的经济发展模式，为了达到保护生态环境的目的，需要调整林业产业结构和创新理念，制订低碳林业经济发展模式，创新和改革低碳经济环境下的林业经济管理。

在全球气候变暖和极端天气逐渐增多的背景下，低碳经济已经成为林业产业发展的重要组成部分，要求林业经济发展符合低耗能、低污染的发展理念，同时还要加强对森林生态系统的保护，两者之间相互促进、共同发展，在林业经济产业发展过程中，低碳经济模式主要有以下几方面的优势。

1. 提高林产品优势

与传统发展模式相比，以低碳经济为核心的产业结构能够提升林产品优势。在我国一些重要的地区，林业资源比较丰富，可以从多个角度推动林业产业发展。在生产的过程中可以利用先进的科学技术，加强对一线工作人员的技术培养，找准林产品的资源优势，明确低碳经济发展的核心，推动林产品加工的优势，进一步提高林业产品的附加值。

2.促进新型林产工业的发展

与传统林业产业相比，新型林业产业工业以林业经济为核心，促进了地区内林业、农业和工业的整体发展。虽然有些地区有着丰富的物产资源，但是林业经济发展较弱，主要是因为当地不重视工业和农业的基础设施建设，导致林业基础较薄弱。在低碳经济环境下，要为新型林产工业的加工提供有效途径，解决劳动力剩余以及一些劳动力无法就业问题，促进林业产业发展。

3.促进生态旅游业的发展

在发展低碳经济环境下，一些地区开始推广生态旅游业。有关工作部门可以借助当地丰富的林业资源和森林野生动植物资源发展旅游业。在满足低碳经济发展的同时推动地区旅游业的发展，为带动当地林业产业发展奠定基础。

随着经济发展和工业化水平提升，二氧化碳大量排放到大气中，造成大气中二氧化碳含量增加，导致全球气候变暖，给生态环境造成不可逆转的影响。林业产业发展不仅能改善当地的生态环境，也能吸收环境中的二氧化碳，在一定程度上能够缓解全球气候变暖。林业产业包含森林资源以及野生动物资源，通过合理调控和利用能促进资源增长。在传统的林业产业开发过程中，因为开发模式不合理造成了严重的资源匮乏和环境恶化，人们应该重视低碳经济和林业产业发展之间的关系，通过提高森林可再生资源来增加林产品的种植面积，实现林业经济的发展。

二、畜牧业经济管理

（一）畜牧业经济管理的定义

在农业和整个国民经济中，畜牧业扮演着至关重要的角色，特别是在经济欠发达地区，当地农民唯一的经济来源就是畜牧生产。自改革开放以来，我国畜牧业蓬勃发展，但与发达国家相比，其发展水平仍有较大差距，同时在经济高速增长的过程中，畜牧业已逐渐失去了与其他行业的竞争力，难以满足日益增长的需求。因此，如何最大限度地利用有效的资源，以实现畜牧业的高速、健康和可持续发展，已成为我们所面临的首要问题。特别值得注意的是，我国畜牧经济管理学科的建立相对较晚，因此仍有许多问题需要进一步深入研究和探索。本书探讨了当前畜牧业经济管理所面临的诸多难题，并提出了相应的应对措施。

畜牧业相关部门和企业在生产、交换、分配和消费等经济活动中对人力、财力和物质方面的决策、规划和组织，以及在其各个环节中的指挥、协调和控制就组成了畜牧业经济管理，以确保其有效性和高效性。实际的业务目标是通过制订决策和规划来确定的，这是一种有效的方法；为了确保业务目标的实现，必须通过有效的组织和指挥来维护生产和营销秩序的正常运转；通过调节和平衡各经营要素之间的相互关系，使它们处于一种最佳状态；通过协调和管控，及时化解和纠正生产和流通中的矛盾和问题，以确保畜牧业和企业沿着的规划目标和发展轨迹能够向着正确的方向进行；通过策划和监控，审查计划的执行成效，以确保畜牧业计划的顺利实施和最终目标的达成。

（二）畜牧业经济效益影响因素

在地区畜牧业的发展过程中，各种内外部因素相互作用，从而对畜牧业经济效益产生影响，这些因素被称为畜牧业经济效益影响因素。一般而言，影响畜牧业经济效益的因素可归纳为三个方面。

1. 投入因素

通过对畜牧业的物质和服务费用、人工成本等投入指标进行分析，明确畜牧业自身成本变动规律和趋势，并运用一定数量的分析方法提出优化畜牧业自身成本的切入点，这是提出提升畜牧业经济效益对策建议的基础。

2. 市场需求因素

对畜牧业市场需求因素进行分析，主要聚焦于畜牧业产品市场需求变化的特征和影响因素，总结这一地区的畜牧产品总体市场需求需要具有多维视角。在此基础上，对畜牧业产品总体市场需求变化的影响因素进行深入研究，从市场价格水平、区域经济发展水平、居民消费价格水平、市场发育程度、居民收入水平变化、人口数量变化等多个角度进行综合分析，就可以找出影响市场需求的各项途径，以明确各要素对市场需求的主要影响途径，为畜牧业经济效益提升对策的提出提供理论支持。

市场交易是实现已生产完成产品商品价值的必要手段，而商品价值的实现程度与市场交易价格息息相关。因此，优化畜牧业产品市场需求是实现畜产品经济效益显著提升的必要途径，因为畜产品市场需求因素是直接影响畜产品经济效益优劣的关键因素。

3. 结构因素

探究畜牧业的结构因素，主要涉及种植业和畜牧业的结构，以及畜牧业内部的结构，特别需要关注的是种植业和畜牧业在生产过程中的布局。也就是在一个国家或地区的范围内，种植业和畜牧业的生产呈现出的空间分布和组合的状态。通过优化种植业和畜牧业的结构，可以实现科学合理的布局，从而达到最佳的经济效益。一个合理的布局，不仅需要考虑经济市场的因素，还必须尊重自然规律的存在。因此，优化种植业和畜牧业的结构需要在充分利用各地区的自然资源和经济资源的基础上，根据不同地区的特点和经济发展的需求，协调种植业和畜牧业的发展进度，实现地区专业化和综合发展的有机结合，以达到最优的经济效果。

（三）畜牧业经济管理的现状

随着社会发展和人们生活水平的提高，社会对畜产品的需求量也随之增加。除了对数量的要求越来越高，对产品质量的要求也越来越严格。因此，需要刻不容缓地进行结构调整和优化，以提升产品的内在品质。然而，当前影响畜牧业发展的制约因素繁多，亟待我们采取措施加以解决。

1. 国际农产品市场竞争激烈

随着未来国际市场对农产品的需求不断扩大，资源的分配和利用以及对农产品和市场的需求已经超越了国界，这将对传统的国内农业生产保护政策和市场均衡模式以及以地区和国家为标准的发展战略产生深远的影响。随着时间的推移，以往对农业生产和市场的直接干预或宏观调控甚至微观参与政策逐渐失去了其原有的影响力，甚至会起到反作用力。尽管中国的畜产品和水产品在满足国内市场需求方面表现出色，但需要特别注意的是，市场需求较大的产品在出口方面的潜力相对较小。随着全球对猪肉的需求量不断攀升，中国的猪肉净出口依然保持着相对稳定的态势。相对于国际市场需求的攀升，国内猪肉出口的增长速度显得相对缓慢。中国的动物产品和水产品长期以来一直受到国内市场需求的制约，这是受饲料资源和价格的限制所导致的，这也使得它们的出口潜力非常有限。

2. 发展过程中环境问题突出

随着人口的不断增长、城市化进程的不断推进以及人均收入的不断提高，人们对畜产品的需求必然呈现出日益增长的趋势。由于受自然资源的限制，强化资源利用以实现畜产品生产是目前仅有的途径，过度集中的集约化和规模化趋势是目前畜牧业生产的基本状况，这使得畜牧业与种植业日益疏离，大量无法及时处理的粪便给环境带来了严重的污染。

我国的土地承载能力与资源问题息息相关，而人均土地占有率偏低，这是一个不容忽视的问题。因为客观环境的限制，畜牧业的发展受到了制约。畜牧业的可持续发展受到了饲料资源匮乏、土地紧缺以及养殖生态环境问题的严重制约。我国畜牧业正朝着现代化和集约化的方向发展，然而，这种发展也带来了越来越严重的污染问题，养殖企业普遍缺乏环境保护意识，环境管理系统也不够完善，粪污处理的技术措施也需要进一步完善。

3. 生产组织化程度低

目前，中国的畜牧业生产仍然主要依赖于分散养殖的方式，这种方式已经成为大多数农民的主要生产方式之一。由于缺乏足够的生产、销售、技术和信息获取能力，以及渠道狭窄，我国畜牧业生产水平低下、市场竞争参与度不足，导致区域性和分阶段的盲目发展，最终导致畜产品供求关系失衡，市场混乱。在畜牧业的养殖过程中，存在着大量的资源浪费和经济损失问题，这些问题的存在对畜牧业的可持续发展产生了严重阻碍。究其原因，主要在于农村经济结构不合理。农民和企业之间缺乏紧密的利益联系和公正的利益分配机制，这是问题产生的根本原因。行业内的研究和引导缺乏功能完备的行业协会，这也是一个亟待解决的问题。

4.科技创新能力欠缺

畜牧业增长方式的转型，离不开科技进步这一根本因素的推动。目前，我国畜牧业的科技水平仍未达到发达国家的水平，存在较大差距。

首先，无论是政府还是企业，对畜牧业的科技发展投入力度较小。

其次，畜牧业科技投入与产出比不合理。如一些地方政府虽然投入了大量的经费来提高科技创新能力，但因为没有进行深入考察，采取的措施和研究不能够适应当地的实际，故不能获得应有的效益。

最后，科技供给结构与需求结构不相适应。很多畜产品虽然产出了，但是消费者并不喜爱，市场不能打开。另外，科技推广服务方面也存在很多问题。

（四）畜牧业经济创新管理的策略

1.大力开展循环型畜牧业

当前，虽然我国畜牧业在资源方面的需求量很大，但其利用效率亟待提高。生态环境因为"广撒网"的不良发展模式受到了严重影响。大力推进循环型畜牧业的发展是实现畜牧业的可持续发展并充分发挥其积极作用的重要途径之一，这样，资源的利用才能更加科学、合理、高效。

首先，应充分挖掘秸秆资源的潜力，积极推进畜禽结构的优化调整，促进草食性牲畜的健康发展。通过科学制订发展规划、加大扶持力度、加强技术服务、培育典型龙头企业（特别是奶牛养殖业），将秸秆养殖作为促进秸秆综合利用的首选方式，从而实现农业和畜牧业生产的良性循环，同时追求经济、社会和生态效益的协同发展。

其次，运用畜禽排泄物作为能源来源，探索新的能源领域。近几年来，政府大量注资于大型养殖场的建设，包括沼气池和无害化处理设施等，同时积极推动畜禽粪便的综合利用和开发。在农业生产中，沼气浆和沼渣是不可或缺的资源，沼气被广泛应用于烹饪、照明和发电等领域。要想避免有机肥料的浪费，可以积极实施"沼气工程"或对大型养殖场畜禽粪便进行综合开发和利用。中国的食品安全在这种生产环境中又能得到循环经济的有力支持，同时，这种经济模式也推动了无公害农产品及相关经济的繁荣。

2. 加强畜牧业人才队伍建设

因为受到地理条件的限制，一些地区的农民仍然坚持传统的饲养方式和小农经济的理念，因此他们所生产的畜产品销售范围仅限于周围的地区。在市场经济下，畜牧产业的发展受到了严重影响，经济效益不高，甚至出现亏损现象，这与人们对畜牧业重视程度不够有直接关系。因此，在当前畜牧业经济管理中，促进思想观念的转变已成为一项至关重要的任务。需要对普通农民的思想进行改变，同时也需要对各级各部门领导及相关科技人员的思维模式进行调整。

在当今激烈的市场竞争中，实现可持续发展的关键在于充分发挥人才的重要作用，强化人才队伍建设势在必行。一是加大对优秀人才引进力度，为畜牧业经济发展注入活力。我们需要吸引那些具备潜力的人才，并要采取各种措施为企业留住人才。为吸引优秀毕业生加入畜牧兽医相关岗位，提供优厚的薪酬待遇，以满足他们的职业发展需求。同时在培养人才的过程中，必须注重加强思想政治方面的教育，以确保从业者在专业素质和思想素质方面都达到过硬的水平。为了吸引和留住优秀人才，必须建立一套完备的激励机制。通过对畜牧行业进行改革，建立起一套适合我国国情的管理制度，让更多的人愿意从事畜牧产业。唯有如此，方能切实促进畜牧业的蓬勃发展。

3. 推动畜牧业产业化经营

实现产业化是畜牧业发展的必经之路。将畜牧业的生产经营与市场紧密结合，不仅能够化解小规模生产与大规模市场之间的矛盾，同时也能够有效提升畜牧业的生产效率。因此，必须积极推进畜牧业的产业化进程，促进企业与农民之间的紧密合作和有效沟通，以实现互利共赢的目标；鼓励并支持农民积极发展多元化的专业合作经济组织，以提升其实现可持续增收的能力。

鼓励畜产品加工企业通过创新机制，建立相关基地，树立卓越品牌，向规模化、产业化和国际化方向迈进，提升企业竞争力，从而进一步增加农民收入。通过实现产业化经营，将初级产品的生产、加工和销售有机地融合在一起，从而拓展了产品产业链的范围。

4.提高畜牧业科技创新能力

为了提升畜牧业的科技水平，各级财政应当持续加大对畜牧业技术推广的资金投入，并建立一批具有科技示范意义的场所。通过实施"绿箱"政策，为畜牧业科技成果转化提供更大的资助力度，以促进畜牧业的可持续发展；为了促进畜牧业科技的发展，政府要出台一系列优惠政策，以鼓励企业、外商等社会力量加大对该领域的投资。

进一步完善畜牧业的科技政策和相关法规，加强普法宣传，加大执法力度，以推动畜牧业的可持续发展。加强国际科技合作与交流，为有条件的畜产品加工销售企业授予进出口权，激励它们积极参与国际市场竞争，拓展更广泛的全球市场。加强与畜牧业发展良好地区的合作与交流，使各自的地理和人文优势最大限度地发挥出来，以促进双方的共同发展。

第六节　农业产业化经营管理

一、农业产业化经营管理的定义

以市场为导向，以农户为基础，以龙头企业包括公司企业、合作经济组织、专业化市场、产学研联合组织等为支撑，以经济效益为核心，以系列化服务为手段，通过实行供产销、农工商一体化经营，将农业再生产过程的产前、产中、产后各个环节有机地融合在一起，形成一个完善的农业产业化经营管理体系。总的来说，这个模式指的是推动生产专业化、经营集约化、企业规模化、服务社会化、运销市场化、产品商品化以及产业一体化等多种活动的综合体。

对乡村而言，农业产业化经营管理就是如何将本村农民的生产、销售挂到以龙头企业为核心的大产业链条中去，即村组通过与产业组织联系、衔接，将龙头企业的生产车间引入村。简单地说，农业产业化经营管理就是乡村帮助本村村民加入以龙头企业为核心的产业化链条中去，并组织、协调农业产业生产、销售、分配、维权的过程和行为。

二、农业产业化经营管理的原则

（一）因地制宜原则

农业产业化经营的形成和建立需要具备若干客观条件，如是否有龙头企业带动，是否有主导产业做支柱，是否有农产品商品基地为后盾，等等。一切要从实际出发，从村庄现有条件出发。

（二）规模经营原则

推进农业产业化经营要以市场需求为导向、以培育支柱产业为着眼点，围绕主导产业做到基地、专业大户、土地经营、企业的规模，要真正把发展规模经济作为重大举措来抓。

（三）组织引导原则

村庄及干部要充分利用经济的、法律的以及必要的行政手段，协调各方关系，调动各方面的积极性，促进各项工作健康有序地发展。

（四）可持续发展原则

农业开发性生产经营应该坚持合理开发、利用和保护自然资源，实行资源开发与环境保护并重，实现经济、社会、生态协调发展。

三、农业产业化经营管理的内容

（一）产业选择

产业选择尤为重要，关系到村经济发展的方向，直接影响农村经济发展和新农村建设，所以，在产业选择上村干部必须慎重。重点关注以下几点。

一是选择特色农业。特色依托品牌，品牌体现特色。挖掘出本村特色农产品，做大做强品牌产品，促进农村经济发展。

二是选择龙头企业。龙头企业可以是生产加工企业，可以是中介组织和专业批发市场等流通企业。只要具有市场开拓能力，能够进行农产品深精加工，为农民提供系列化服务，带动千家万户发展商品生产走入市场的，都可以当龙头。

三是选择组织形式。组织形式的选择是关键，影响农业产业化的具体落实。村干部要根据实际择优选择。"公司＋协会（基地）＋农户"以专业公司为龙头、农民专业协会（农产品基地）为纽带、专业农户为基础，结成经济共同体。"企业＋农户"以加工企业为龙头，把基地农户联系起来，主要从事农副产品精、深加工。"专业批发市场＋农户"运用市场的导向作用，带动优势产业扩大规模，发展与优势产业配套的加工、运销业，从而形成一体化的经营格局。

（二）组织引导

在实行农业产业化经营的过程中，村干部的组织引导作用十分重要。在带领村民实行产业化经营发家致富的同时，村干部不但需要有长远的经营眼光，还需要讲法律、讲策略，实现全村共同富裕。

（三）协调发展

协调发展是要求村干部在带领村民进行农业产业化经营时，要坚持生态效益、社会效益和经济效益统筹兼顾，还要注意局部利益和整体利益的兼顾。一定要注意经济发展与生态环境的和谐发展，不能因为追求经济效益而忽视环境保护，甚至以破坏本村的生态环境为代价来换得经济利益，也不能只顾村级利益而忽视整体利益。

四、基于供应链管理的农业产业化经营

农产品供应链的资金、物流、生产和销售等环节，需要通过计算机和网络进

行规划和组织，使供应关系能够协调发展，从而实现对整个农产品生产和销售过程的有效控制。农产品材料采购、生产、销售、售后等过程的高效管理，是供应链管理的核心，旨在提升客户对产品的满意度，降低生产和物流成本，从而实现效益的最大化。

现代化手段被运用于农业生产的组织，旨在提高经济效益，以市场为导向，规模生产和集约化管理支柱型产业和竞争能力强的产品，从而形成以市场需求为主要导向、以龙头企业为带动的农业生产新格局。在推进农业产业化的进程中，可以实现生产的集中化和产品的直接供应和销售。实现农业生产的产业化已成为农业发展的必然趋势，同时也是解决三农问题的关键。

在农业生产中融入供应链管理理念，就可以形成一种高效的农产品供应链管理模式。该理念将农业生产的各个环节紧密相连，包括原材料的采购、农产品的生产和加工、运输、销售以及售后，使资金管理和物流等方面协调发展，从而实现农产品的增值。

农业产业化经营的核心在于实现农业生产的集中化，以达到产、供、销三个环节的一体化管理。以市场需求为导向、以效益为目标的管理机制，旨在解决小型农业生产与市场需求之间的矛盾，实现农户、企业和消费者的紧密结合，从而在降低生产成本的同时提高生产质量，实现资源共享，并进一步增强农业的风险抵御能力。在市场经济发展的过程中出现了供应链管理，这是一种新兴的管理和沟通模式，需要在市场化极高的环境中才能发挥作用，通过规模化经营，可以降低企业的生产成本，促进企业之间的合作，从而实现生产、销售和售后等方面的有序推进。物流成本居高不下是我国农产品所面临的竞争劣势，这种情况有引发通货膨胀的风险。农村地区的农产品采购价格与市场销售价格之间存在着数十倍甚至上百倍的差距，而这种差距主要源于物流成本的影响。通过供应链管理，可以实现对农产品加工、运输、存储、包装和配送等物流链条的高效管理和控制，从而有效避免高物流和产品损耗情况的发生。

农产品的生产并非以市场需求为导向，当某一种农产品的供应量超过需求量时，会出现农产品的销售价格下降并滞销的情况。农民的生产积极性降低是因为增产并不能带来额外的收益。若某一种商品供小于求，那么一些农产品收购商会在销售时提高售价，导致利润被中间商所垄断，而农民的收益则相对较低。因此，在实现产业化经营的过程中，供应链管理的应用需要环节内各方及时共享相关农产品信息，并迅速响应市场需求，根据市场需求进行生产和销售，以避免资源的浪费和滞销现象的出现。

在市场经济条件下，将农产品市场化经营纳入供应链管理，需要各方形成一个经济利益共同体，以实现利益的合理分配。我国当前农产品生产的产业化程度尚待提高，各参与方的地位存在不平等现象，这导致处于劣势地位的农民遭受了利益上的损失。长期以来，农民的生产热情受到了沉重的打击，因为他们一直面临着增产而不增收、减产而减收的问题。农民的积极性与他们所获得的利益直接相关，两者是共生的关系。农民积极参与的前提在于确保农产品收购过程的最低价格能得到妥善保护，以保障其合理性；此外，政府应当为农民营造一个优越的生产环境，以引导他们积极参与农业生产；为确保农产品的有价销售，必须建立一套完善的保障机制，以促进企业与农民签订长期采购合同。

目前，我国的农业产业化经营中心以龙头企业为核心，其内部供应模式主要采用企业资源计划系统。在供应整合方面，龙头企业的主要工作是进行供应链流程的再造，以更好地满足消费者的需求，从而实现以企业和农民为核心的农业产业化经营模式的转型。将农业产业化经营与供应链管理相融合，不仅能够巩固企业和农民的核心地位，同时也能够满足消费者日益增长的需求。在政府的引导和组织下，将农产品生产、运输、存储、销售等经营模式与市场需求相结合，以激发农民的参与热情，从而提升农业产业化的经营水平。

第三章　农村集体经济发展机制

本章为农村集体经济发展机制。从农村集体经济发展的历史溯源、农村集体经济发展机制的理论依据、现代农村集体经济发展机制以及现代农村集体经济发展机制的实施路径四个方面进行阐述。

第一节　农村集体经济发展的历史溯源

在社会主义经济制度中，农村集体经济是一个至关重要的组成部分，也是体现农村经济的一种重要的组织形式。同时，农村集体经济为我国特色社会主义建设奠定了良好的基础，也从根本上保证了小康社会的全面建成，为推动我国经济社会的快速发展作出了巨大的贡献。因此，无论是农村基层组织的正常运转，还是农村社会事业的蓬勃发展，都离不开农村集体经济。从本质上讲，农村集体经济意味着"民有、民管、民享"，是服务"三农"的有力载体。改革开放之后，农村集体经济体制发生了巨大的改变，既涉及经济问题，也涵盖政治问题和历史问题，对其变迁历程进行研究，是社会主义实践探索的关键环节。这类研究不仅与城乡一体化发展息息相关，还将对社会主义共同富裕这一目标的实现产生深远的影响。

中华人民共和国成立之后，为满足广大农民生产劳动的需求，建立了农村互助合作社，农村集体经济进入萌芽阶段。随着农业合作化运动、社会主义改造的全面开展，农村互助合作社发生了巨大的变化，先后经历了初级、高级合作社等形式，农村集体经济体制从萌芽状态逐步发展，并最终完全确定下来。在这个过程中，农村集体经济体制的目标不再是满足贫困农民生活需求实现劳动互助，而是转变为提高生产资料的利用率和劳动协作性。同时，农村集体经济组织的构成实现了从相对分散的小农向集体农户的转变。

在家庭承包经营的基础上形成的统分结合的双层经营体制，意味着农村集体经济体制已迈开了变革的步伐，对农民劳动的积极性起到了激励作用，充分挖掘了农民的潜能，释放了生产力。尤其是在农村集体经济体制改革的初始阶段，农民的潜能被激发出来，对劳动生产投入了极大的热情。在实践的过程中，统分结合的双层经营体制逐步完善，以多样化、创新性的形式来组织农民，对农村发展产生了重要的影响。但农村集体经济体制在前期改革过程中过度强调"分"，而忽略了"统"，因此并没有维持好双层经营体制的平衡性。

综上可见，农村集体经济发展机制的改革，是变革农村生产关系的重要举措，直接关系到每一位农民的利益，既与农村基本经济制度、经营制度和社会治理体系的发展和完善存在密切联系，还在一定程度上影响着国家战略全局。因此，在未来的农村经济社会发展过程中仍需持续推进农村集体经济体制改革。基于此，本书深入研究农村集体经济体制的变迁历程，将之与农村发展现状结合起来，提出创新发展模式的措施，以求推动农村经济全面、快速发展。

一、农业合作化时期

在中华人民共和国成立后的过渡时期，我国集体经济的存在形式主要是合作社经济，以承认个人私有权益为前提，由合作社进行农业生产资料的统一调配、使用。对共同生产、共同劳动的成果所采取的分配方式是将按股分红和按劳分配结合起来。这一分配方式对个体手工经济、农业经济的发展进行引导，使它们朝着集体化趋势发展，从而实现社会主义改造。与此同时，政府借助农村不同形式的互助合作，实现了农业合作化，将生产资料私有化的个体经济转变为公有制的集体经济。

在20世纪50年代之前，农业合作社的主要目的在于推动农业现代化发展，充分整合农村社会。农村合作运动的早期阶段从1951年9月开始，一直持续到

1953年。中国共产党在1951年9月召开了第一次农业互助合作会议,形成了《关于农业生产互助合作的决议》,指出了可以通过互助组、初级农业生产合作社等形式对农民进行引导,使其朝着互助合作化的方向发展[①]。互助组是集体经济产生的启蒙阶段,由六七家农户组成,作为合作组织,其能够对持有的生产工具进行调配使用,在农忙时节能充分调动劳动力。它很好地解决了少数农户缺乏劳动力的难题,使农业产出量明显增加。

农村合作化运动的第二个阶段从1953年开始,一直持续到1955年上半年。该阶段农村集体经济的形式以初级农业合作社为主,其最大的特征是农民用土地入股,经营权由合作社掌握,带有半社会主义性质。初级农业合作社是集体经济产生的初步成型阶段,它与互助组结合并形成了农业生产合作社。合作社在分配收入时,将按股分红与按劳分配结合起来,事先扣除各项费用,如公共积累、生产消耗等,再统一分配给社员。初级农业合作社的另一个显著特征在于统一经营,这一特征极大地促进了粮食产量的提升和农民增收,使农村经济呈现出良好的发展趋势。

《关于发展农业生产合作社的决议》于1953年12月通过,该决议指出,当时党在农村的主要任务在于联合广大农民,将落后、规模小的农村个体经济,发展成先进、规模大的农村合作经济[②]。该文件的出台在全国各地掀起了将农村互助组转变为生产合作社的浪潮,同时代表着我国处于试验阶段的农业生产合作社已经步入建设阶段。此后,农业生产合作社呈现出蓬勃发展的趋势。

二、传统农村集体经济时期

传统集体经济时期从1955年开始,一直持续到改革开放之前。该时期农村集体经济组织的主要特征是行政管理,其关键在于地缘组织。集体化运动的典型代表是农业合作化。

---

① 中国共产党中央委员会关于农业生产互助合作的决议 [J]. 山西政报, 1953(7): 1-6.
② 正确地贯彻中国共产党中央委员会关于发展农业生产合作社的决议 [J]. 山西政报,1954(2): 22-25.

我国农业合作化运动的第三个阶段从 1955 年下半年开始，一直持续到 1956 年 9 月。这一阶段是集体经济构造成型阶段，而集体经济构造成型的主要形式是高级合作社，其将私人土地所有权完全废除，并坚持按劳取酬的基本原则，而上一阶段已经为高级合作社的形成打下了扎实的根基。在完成土地改革之后，我国基本上实现了农业社会主义改造。生产资料的私有化逐步过渡到集体所有制，即由集体进行统一经营，根据按劳分配的原则来满足社员个人消费的需要。

农业合作化经过不断调整、演变，形成了"三级所有，队为基础"的制度核心，为工业资本积累了原始资金，也为农业现代化、农田水利建设等作出了巨大贡献。但值得注意的是，受到绝对平均主义思想的影响，当时的农业合作化并没有遵循等价交换原则，这不仅给农民自身利益造成了损害，也不能充分调动农民的积极性和主动性，因此对农村集体经济的发展非常不利。

三、家庭联产承包责任制时期

十一届三中全会的召开，在全国掀起了一股改革开放的热潮，各界纷纷投入改革实践。在安徽凤阳县的凤梨公社中，小岗村的 18 位农民立下"生死状"，对土地进行分开承包，拉开了家庭联产承包责任制的序幕。在不断推行家庭联产承包责任制的过程中，农村集体经济也摒弃了统一经营、集体所有的模式，先后成立乡（镇）政府、村自治组织等，在统分结合的原则下，实行双层经营体制。该时期的主要特色为改革与发展并举，形成了集体经济特有的时代内涵。

农村集体经济的多样化形式在 20 世纪 80 年代初步形成。1980 年 5 月，邓小平对小岗村"大包干"的行为给予了高度评价。到了 1985 年元旦，中共中央发布了与农村工作有关的"一号文件"，特别强调包产到户、包干到户都是社会主义集体经济的生产责任制。1987 年，中央出台"五号文件"，对农村集体经济组织的职能、特征和任务等进行明确。农村集体经济的实现形式发生了变化，乡镇企业、承包制等先后涌现出来。这些变化是对农村集体财产经营管理的创新，促进了集体经济收入水平的极大提高。

20世纪90年代，农村集体经济进入了探索多样化形式的时期。人们改变了对农村集体经济的认识，意识到农村集体经济在解决供销难题、提升组织化水平等方面发挥了不可磨灭的作用。农村集体经济出现了多种实现形式，在引入股份制、合作制之后，实现了创新发展，不仅帮助农民解决了难买难卖的问题，还及时供应了大量公共产品，为农村发展作出了重要贡献。

进入21世纪之后，农村集体经济正式步入多样化发展阶段。随着我国工业化进程的不断加快，城市化建设日新月异，城乡之间的差距越来越明显，"三农"问题更加突出，并逐渐成为大家关注的重点。对此，政府部门高度重视对新型农村集体经济实现形式的构建，从国家层面提供相应的政策激励，指导并促进农村集体经济发展。

自2004年起，我国连续十一年颁布的"中央一号"文件中，均提及要大力发展农村集体经济实现形式，加强引导作用，提高能力建设，实现规范化发展。在社会主义公有制经济中，农村集体经济既是必不可少的组成部分，也是实现社会主义共同富裕的有效途径。党坚持双层经营制度，切实维护农户承包土地的经营权和在集体收益中的分配权，探索不同形式、不同规模的经营方式，进一步增强集体经济实力。

农村地区企业实行股份合作制后正朝着集团化的方向发展，这有利于推动农业现代化的发展，是实现全民致富的必经途径。新农村集体经济将集体财产权利保留下来，在社会主义市场经济条件下，它是实现新集体经济的有效方式。在经济合作的基础上发展起来的新农村集体经济，非常重视对集体形式合作的系统管理，能够引导农民走上市场化发展道路，提高经营效率，增加收益。同时，在农村集体经济体制不断摸索的过程中，出现了很多创新的形式，表现出较多的基于农民发展意愿的农民"创造"，并加快了农村集体经济的多样化发展。在村级集体经济组织实现规范化运作之后，由于不再受到行业面窄、规模小、抵御风险能力差等因素的限制，村级集体经济逐步走上规模化、产业化发展道路。

四、乡村振兴战略时期

乡村振兴战略以产业兴旺、生态宜居、乡风文明、治理有效、生活富裕为总要求。该战略的全面实施，有利于推动农村集体产权制度的深化改革，切实维护农民的财产权益，不断壮大集体经济。农村集体经济的快速发展，有利于加快新农村建设的步伐，是落实乡村振兴战略的有效方式。完善农村土地制度是解决"三农"问题的有效途径，更是全面落实乡村振兴战略的重要举措和推动农村地区深化改革的关键。

乡村振兴战略实施以来，农村土地制度开始围绕宅基地、集体建设用地和承包地进行全面改革。改革坚持承包地"三权分置"制度，以激发建设用地的改革内生动力，推动宅基地制度改革，让农村土地制度改革变得更加科学合理。鼓励多种所有制经济主体积极参与新业态项目，在利用建设用地发展新产业的过程中，可在尊重法律制度的基础上采取入股、租赁等方式，平等获得对建设用地的使用权。除此之外，还应推动集体经营性资产实现股份合作制改革，在遵循市场经济发展要求的基础上，探索农村集体经济发展机制，实现集体资产保值增值，进一步激发集体经济发展活力，让广大农民真正受益。

在农业合作化发展的过程中，农村集体经济实现了从无到有的突破，其发展规模也不断扩大。在经历了坎坷后，其体制演变成为中国发展历史的重要组成部分。可以明确的是，对我国农村经济而言，农村集体经济体制的多样化发展推动了农村地区的快速发展，对农村的全面发展起到了促进作用。对农村集体经济体制的变迁进行深入研究，加深了我们对农村集体经济发展的认识，激发了集体经济组织的活力，同时提高了全面参与集体经济的主动性和积极性，从而为更好地探索农村集体经济发展模式提供了新思路。在日益激烈的市场竞争中，农村集体经济将具有更强的竞争力，农业也将发展成有前途、有希望、有奔头的产业，因此，农民这一职业在未来将具有更强的吸引力。在这一奋斗目标的指引下，全国各地积极响应，人民共同努力，众志成城，我国必将更好更快地实现乡村振兴。

第二节 农村集体经济发展机制的理论依据

一、规模经济理论

（一）企业规模经济概念界定

1. 企业内部规模经济

企业内部规模经济是指在不断扩大生产经营规模的过程中，企业内部之间的管理、协作和采购效率得到提升，单位产品呈现收益递增、成本下降趋势的一种经济形式。生产经营规模、单位产品成本两者具有一定的相关性，两者呈 U 形变动关系。具体而言，企业的单位产品成本和企业效益均会发生变化，但长期来看，规模报酬递减会取代规模报酬递增。

2. 企业外部规模经济

企业外部规模经济也被称为"集聚规模经济"，产生于企业外部，超出企业自身的范围。不同企业在地理位置上形成集聚效应，规模匹配恰当，且企业总规模适应集聚区发展条件和环境承受能力，企业间通过内部协作和相互关联，达到提升效率、降低产品成本和增加效益的目标（黎鹏，2009）。

与企业内部规模经济相似，企业外部规模经济也呈现出以下特征：并非集聚企业的数量和总规模越大，就能获得越好的经济效益。当实际经营规模和"最优规模"相偏离时，也有可能产生"不经济"的现象。

规模经济的层次性是指在不同范围内组织的经济活动会出现不同的规模经济现象。对"一定范围"的整体而言，规模经济可以被划分为以下三个层次。

（1）宏观层次规模经济

除了省区、经济区规模经济，还包括国家、国际合作区域规模经济等。在对应的地域范围内，主要依托不同行业、部门的经济组织在协作、格局、联系、结构、功能和数量等方面的经济性、合理性等来实现。

（2）中观层次规模经济

既涵盖地区和城市规模经济，也涉及行业、生产基地规模经济，具有企业的协作性、格局合理性和功能互补性等特征。

（3）微观层次规模经济

包括企业、产品规模经济。该层次的规模经济所控制的对象相对单一，主要从企业、产品的微观角度出发来实现规模经济。

（二）亚当·斯密的规模经济理论

亚当·斯密的《国富论》一书提到了增加国民财富的两个基本条件，其中一个条件就是专业分工促进劳动生产率的提高。社会分工的出现，促进了劳动生产效率的提升，在已有资源不变的前提下，能提升社会总资产与社会总财富。无论是劳动者在劳动过程中所展现出来的判断力、技巧，还是劳动生产效率的提高，似乎都和分工存在一定的关联。采用分工除了能改进工具和减少劳动转换时间，还能明显提升工人的熟练程度。值得注意的是，只有以规模报酬递增为基础才能提升劳动生产效率。在此基础上，分工既能增加产出量，也能增加国民财富。那么，能否无限扩大分工，确保经济、财富持续增长呢？对于这一问题，斯密给出了否定的回答。交换能力会在一定程度上影响分工程度。也就是说，市场会对分工形成约束。分工受市场范围的限制，即"斯密定理"。而市场范围的大小取决于财富和分工的增加对规模经济发展形成的限制。

（三）马克思的规模经济理论

《资本论》通过对不同的分工形式，如简单协作、分散的手工工场生产和集中的手工工场生产等进行对比分析发现，受到资本主义生产制度的影响，大规模组织生产会大大提升效率，带来社会生产水平的显著进步。分工理论始于协作，无论是在相同的生产过程中，还是不同的但相互联系的生产过程中，人们按照计划进行协同劳动，就是协作。在资本主义看来，协作也是最基本的生产方式。

与个体劳动相比，基于分工形成的协作劳动所共同使用的生产资料在规模、数量方面会呈现明显的增长趋势。值得注意的是，劳动转移至单位产品时，会降低价值，即共同使用的积聚性生产资料所产生的价值，与生产资料的效果、规模并不呈同比例增长。相对于建设十座能分别容纳两人的作坊而言，建设一座可容纳二十人的作坊所需要的劳动更少。协作劳动能够节约生产资料，但也意味着商品总价值的降低。将生产过程中共同使用的资料转移至单个产品时，价值组成部分会降低。也就是说，随着商品价格降低，单位劳动力的价值也在降低，同时单位产品上的不变资本也会减少。所以，当协作生产、分工出现之后，可最大限度地将不变资本转变为生产资料，可变资本通过购买廉价劳动力商品，生产剩余价值。借助规模经营加工的廉价商品的数量的增加，会对费工、费时的小生产起到排挤作用，并减少对商品经济发展产生阻碍作用的因素。正因为如此，资本主义生产方式通过大规模集中生产，超越了封建制度下的分散式生产方式。

（四）阿林·杨格的规模经济理论

阿林·杨格在《报酬递增与经济进步》一文中，首次对市场范围与产业分工、生产间的作用和演进机制进行论证分析，突破了斯密提出的"分工受市场范围限制"的思想。杨格经过不断摸索和长期探究所提出的分工理论被称作杨格定理，即市场规模会影响分工，分工也会影响市场规模，在以上条件中就产生了经济进步的可能性。

杨格对直接、间接劳动进行了对比分析，并通过举例的方式进行了阐述。例如，为了完成100辆汽车的生产任务，专门打造拥有很多优良设备，如传送带、钻床、夹具等的工厂，显然不经济。哪怕很多制造汽车的厂家认为其产出较大，然而实际上也不会产生利益。最好的方式就是大量使用标准工具和机器，增加直接劳动，减少间接劳动。通过对比，发现运用机器进行规模化生产能提升产量规模，生产成本也会明显低于手工生产，但只有在市场需求较大的情况下，规模化生产才能取代手工劳动方式。因此，受到市场规模的影响，采用迂回方式进行生产，即"成批生产"，比其他劳动分工方式更加经济。为了达到这样的效果，应该将力量集中起来。当市场需求不断增加时，企业经过实践，充分感受到大规模批量生产的经济性，产业分工不断增加，专业化程度逐渐提升，分工、市场以及生产规模间形成了动态促进关系。杨格在斯密定理的基础上进行了深入研究，认为"分工取决于分工"。事实上，在出现分工之后，可将企业内部经济按照产业化程度划分为内部规模经济和外部规模经济。形式上的改变，有利于充分发挥资本化运作方式的优势，同时将不依赖技术变化的优势充分展现出来，使管理朝着更加专业化的趋势发展，有利于实现产业经营的合理分布。

产业间劳动分工最明显的效益就是实现了间接、迂回的生产方式。对一个企业而言，按照迂回方式开展经营活动，所获得的经济效益非常有限，但如果迂回的生产方式具备规模优势，就会使其经营活动变得更加经济且更具有可行性。市场规模注重的是内生性，并非斯密定理中的外在约束性，限制劳动分工规模、演进速度的是制度变迁的速度和方向，这体现了资本积累的程度。

（五）马歇尔的规模经济理论

马歇尔非常重视规模经济问题，他是首位围绕这一问题展开研究的经济学家。根据分工、生产专业化程度不同，马歇尔在研究过程中从微观视角出发，将规模经济形态细分为内在经济和外在经济两类，可将任何一种货物的生产规模扩大所形成的经济按照以下方式进行划分：第一，依赖工业的一般发达经济，即外在经济；第二，依赖企业资源、效率和组织的经济，即内在经济。

内在经济的形成既与分工有关，也和机械的使用存在一定的关联。基于此，马歇尔将企业内部分工划分为两类：生产与管理的分工和在生产环节中的工人劳动分工。对第二种分工而言，专业化生产会朝着让工人熟能生巧的趋势发展，既能提升劳动生产效率，也能逐渐取代传统手工技能，使劳动效率明显提升。在机械化快速发展的过程中，精细化分工和机械化改良同步并举，两者之间相互关联，形成一个循环过程。工业规模进一步扩大，工业生产的复杂度不断增加，并衍生出多种分工模式。随着机械化的日趋成熟，机械制造逐步推广至不同的生产部门，应用领域逐渐由工业部门向服务业、农业生产以及家务劳动渗透，社会生产逐步迈入机械制造和机械生产的新时代。

马歇尔从企业管理这一视角出发，对充分保障机械生产效能的问题进行了深入研究。在实际探索过程中，他了解了企业管理制度对机械生产造成的影响，并论证了在技术层面如何形成规模效应。在经过仔细研究后，马歇尔认为若企业缺乏科学合理的制度，就不能充分发挥机械的强大生产能力，也无法保障工人的劳动能力，在这样的情况下，企业根本不可能获得最大产出。

马歇尔围绕分工和工业地区对外在经济进行了深入研究。当工业在特殊地区集中时，就会形成外在经济，具体而言，其主要体现在：第一，无论是行业技能，还是生产发明、改造方式等，都能在短时间内实现快速传播，并投入生产使用，为新思想提供动力和源泉。第二，在附近地区会普遍形成辅助行业，为组织运输原料、工具等提供便利，有利于原料经济性的提升。第三，若同类产品在某个区域中的产量非常大，对资本规模较小的个别行业而言，机械价格虽然昂贵，但仍具备经济性，而且有可能达到较高的程度。第四，地方性的工业集中可为技能开辟市场，让地方工业获得更大效益。一方面，雇主极易找到所需的专业性工人；另一方面，工人只要具备高水平的技能，无论到哪里，都能轻松就业。除此之外，外在经济兼具地方性工业利益和职业多样化利益，成为推动工业化城市快速发展的动力之一。

（六）新古典经济学的规模经济理论

新古典经济学的关键和核心是在价格机制的引导下进行资源配置，此时，生产问题就会从价格体现出来，进而获得最小成本、最大利润的厂商理论。规模经济除了内在规模经济之外，还包括外在规模经济。外在规模经济和规模报酬递增存在紧密联系，这一点无论是在马歇尔分工理论，还是在杨格分工理论中都有所体现。但新古典经济学中的均衡分析不能对报酬递增动态增长进行解释。所以，在新古典经济学中，规模经济理论适用于企业内部规模经济，且规模和技术分别决定的生产能力具有等同性。

新古典经济学的规模经济理论源于由产品自然属性决定的技术上的不可分性。有些厂家加工出来的产品数量相对较少，不可分性导致某些生产能力很有可能无法被利用。此时，厂家可适当增加产出，而并不会成比例地提升成本（也就是形成了规模经济效益）。

在新古典经济学中，企业不仅包括加工单一产品的工厂，还包括由多个工厂组成的公司。对工厂规模经济进行研究后发现，在工厂的生产经营过程中，多项成本尽管在短期内是固定不变的，但从长远角度来看，极有可能出现变化。因此，对一个工厂而言，长期成本的均值和短期成本的均值存在差异。长期而言，工厂可选择的生产规模相对较多。从理论层面看，假设生产规模能进行无限细分，就可以形成很多条短期成本曲线，甚至会形成长期总成本曲线（多条短期总成本曲线的包络线），反映出生产成本随工厂规模变化的趋势。如果产量高于长期成本曲线，生产成本就会出现上升趋势，即规模不经济。理论上，上述规模经济所呈现的变化规律，在规模不同的工厂中都有可能出现，但其前提条件是价格和技术不发生变化。这两个前提条件对生产要素的组合起着决定性作用。实际上，当企业所建设的工厂规模超出已有工厂规模时，就会在以往所使用技术的基础上，充分挖掘和引进先进技术和高端技术，从而极有可能增加生产成本。但随着技术的进步，长期成本曲线可能会出现下降趋势。

二、产权理论

（一）产权的概念、权利和内容

所谓产权，是指所有权人依法对自己的财产享有占有、使用、收益和处分的权利，具有排他性。但在资源不稀缺的条件下，产权无法充分发挥作用。不得不承认，我们所面临的环境存在很多稀缺资源，人们的行为或多或少会受到各项资源的束缚。在缺少产权安排或安排不合理的情况下，人与人之间极有可能产生利益冲突，这样一来，就无法顺利地开展以产权界定为前提的交易活动。一般而言，产权主要包括以下基本功能：资源配置、外部性内部化和激励功能。

无论是不动产还是动产，其用途都不止一种。以一块土地为例，它既能用于植物种植、修建房屋，也能用作公共空间。不论哪种用途都存在对应的产权收益，产权主体的选择较多。以怎样的方式来使用资产、由何人使用，都会对资产所有者的收入产生一定的影响。换句话说，资产产权与权利相对应。虽然产权学家对权利内容的划分存在差异，但公认的产权构成主要包括让渡权、收益权、使用权等基本权利。

在产权收益最大化的"经济人"行为准则的指引下，首先，应对不同产权主体的收入情况进行对比，再确定资产用途；其次，应充分考虑到产权产体的权能，借助交易让产权主体获得最大产权收入。举个简单的例子，将土地的经营权转让出去，在签订契约的过程中，须明确指出土地转让的范围、用途，并最终确定转让期限、价格等。考虑到在实际转让的过程中极有可能出现对交易产生影响的事件，双方难免产生争议，因此，应该事先约定解决争议的方式，以避免其对交易双方的收益产生影响。契约内容主要涉及交易双方的权利、义务等，这些内容不仅会对交易双方产生约束，还可使产权人对收益空间作出预期，并通过产权交易让收入流朝着最大化趋势发展。所以，对交易契约而言，产权的界定是必不可少的，它会导致双方形成不同的产权结构，即产权不同组成部分间的关联和比例。因此，要从不同视角对产权结构状态进行研究，包括产权的组织、权利、客体和主体等。积极引导各产权主体为优化产权结构贡献力量，通过不断调整产权结构来改变资源流量、流向。

（二）组织的产权结构

经济组织的产权结构指的是资产的产权构成情况，它为组织控制权的分配奠定了良好的根基，在组织治理中发挥了非常关键的作用，极大地影响了组织效率。与市场相同，经济组织也是一组合约，生产要素间的合约替代了产品市场。所以，对合约而言，制度安排就显得至关重要。经济组织的资产属于专用资产，包括无形资产、固定资产和流动资产，它与人工投入等生产要素结合起来，使产品被销售，从而获得盈利。不同生产要素的结合会形成团队，其效率对组织资产的市场价值产生影响。

（三）产权制度与经济效率

经济学理论在较长的发展时期内都没有考虑产权制度对经济效率所产生的影响。直到 1960 年，科斯率先意识到产权清晰的重要性，他在著作 *The Problem of Social Cost*（《社会成本问题》）中研究了产权对企业效率的影响，经过论证分析得到了科斯定理，为现代西方在交易费用与产权安排方面的理论研究打下了良好的基础。科斯定理表明，在产权明确、交易费用少的情况下，不论起初将产权赋予谁，市场均衡的最终结果都是有效率的，而且不管采用怎样的方式对产权进行分配，都可将明晰产权视作实现效率的有效手段。

现代西方产权理论研究的主要内容是怎样通过产权安排来降低市场交易费用，并合理配置各项资源，促进经济快速发展。产权包括公有产权和私有产权，其中，前者的产权界定不够清晰，极易出现公有资源浪费的现象。在利益多元化发展的驱使下，由于公有产权涉及人数非常多，监督费用和谈判成本均会增加，进而使得效率变得非常低；而私有产权的权责主体非常明确，大大提升了治理效率，可使产权人对各项资源进行优化配置。新产品学派对产权进行分析，进一步认为剩余控制权是企业所有权的本质，会对企业效率产生非常重要的影响。

与古典经济学"经济人"假设不同的是，现实中人的理性是有限的，交易知识、交易信息是不完全的，其资产也会存在多种属性，同时不断发生着改变。由于现实中的人具备有限理性，无法充分认识资产的全部价值特性，在自身利益的驱动下，人们极有可能采取机会主义的做法，以获得资产价值最大化，这在一定程度上会对他人权利造成损害。也就是说，由于行为的不确定性，他人无法对未来的变化趋势作出判断，获取信息的难度大大增加，产权界定就显得更加困难。

产权的完全界定所需成本非常高，这就意味着根本无法实现完全的产权界定。实际上，非完全界定的产权是一种极为常见的状态。部分资产产权的界定较为清晰，其他部分则会出现财产价值溢出的现象，成为交易双方的公共领域。通过交易，人们希望得到更多利益，于是努力从公共领域中搜取资产价值；当这些价值处于上升期时，人们希望界定得更加清晰，直至行为的边际收益和花费的边际成本完全相同，这就意味着行为净价值是零。在这种情况下，产权的界定就处于静态均衡模式。产权的界定过程不断发生着改变，在不同的变化阶段，存在不同的博弈均衡状态。

产权经济学的研究内容主要集中于经济效率和产权制度的关系方面。对该问题的基本观点除了体现在科斯"相互性"理论、科斯第一定理和科斯第二定理等论述中，还体现在私有产权效率论、共有产权非效率论和效率理论当中。科斯"相互性"理论从理论层面为产权安排奠定了基础；科斯第一定理指出了可供人们选择的经济制度的条件；科斯第二定理强调了社会应该高度重视效率以及经济制度的选择具有任意性。私有产权效率论、共有产权非效率论则从原则层面论述了产权经济学对效率、产权制度所持的观点。这些理论观点及其揭示的机制，对经济权力分散起到解释作用，明确指出个人经济制度会提升中央集权化经济制度的效率。

以上产权经济理论也阐述了 20 世纪大规模经济制度改革的必要性，同时点明了选择经济制度时无法无视自由与必然的关系，要求我们必须尊重原则、真理和逻辑、事实。而效率思想指出了主流效率理论存在的各项问题，为科斯定理、私有产权效率论和共有产权非效率论奠定了良好的基础。综上所述，产权经济学家围绕产权制度和经济效率等内容展开的研究，奠定了现代产权经济理论的基础。

（四）科斯定理

科斯第一定理又称为"无关性"定理，该定理指出，在发展定价制度的过程中，如果不存在成本，所产生的最大化产值就与法律状况无关。在市场交易过程中，如果成本为零，法院对损害责任的判决就不会对资源配置产生任何影响。也就是说，对零成本的市场交易而言，不管法律怎样规定有害效应的责任，资源配置都不会发生任何改变，市场衡量的产值总和会朝着最大化趋势发展。如 A、B 为不同的生产者，若 A 会对 B 造成一定的损害，即产生负外部性，当交易成本为零时，A 是否具备对 B 施加损害的权利，B 是否具备要求 A 赔偿损害的权利等初始规定，并不会对资源最优化配置方案产生影响。这是因为这两个生产者都会尽量追求更大利益，并借助市场交易来重新安排资源、权利。在这个过程中，自身能取得最大价值的生产者就会获得最终的资源权利，从而实现产值最大化。

科斯第一定理是在零交易成本这一假设的基础上形成的。如果交易成本不为零，那么就不存在科斯第一定理。资源配置效率和责任规则不存在关联性，"市场交易成本为零"非常不现实，因为任何一定比率的成本，都有可能将交易成本为零的定价制度中的交易变为泡沫。因此，在市场交易过程中，只要考虑成本，最初对合法权利的界定情况就会影响经济制度的发展效率。在此前提下，科斯作出的论断演变为：当交易市场的成本高于零时，合法权利的初始界定就会影响资源的配置效率，即科斯第二定理。

三、可持续发展理论

（一）可持续发展理论的提出

可持续发展这一概念可以追溯到三次联合国会议。《增长的极限》《世界自然保护策略：为了可持续发展的生存资源保护》和《我们共同的未来》是这一概念重要的文献著作。1980年3月，《世界自然保护策略：为了可持续发展的生存资源保护》第一次正式使用可持续发展概念，从保护和发展的角度对这一概念进行了深入探讨，并定义为"改进人类的生活质量，同时不要超过支持发展的生态系统的能力"。

可持续发展理论源于可持续发展概念，这一理论内容广泛，涉及面广，涵盖社会、资源、环境等多个方面：第一，注重发展与资源、环境承载能力之间的关系。要求在保持自然资源的质量及其所提供服务的前提下，使经济发展的净利益增加到最大限度。可持续发展寻求一种最佳的生态系统以支持生态的完整性和人类愿望的实现，使人类的生存环境得以维持。第二，注重发展与代际公平之间的关系，既满足当代人的需要，又不对后代人满足其需要的能力构成危害。可持续发展的核心在于公平性，注重让后代的经济福利至少不低于当前一代，即当前一代在利用环境资源时不使后代的生活标准低于当前一代。可持续发展就是在经济发展提高当代人的福利水平时，并不会导致后代人的福利水平下降。可持续发展就是给予子孙后代和我们一样多的甚至更多的人均财富。第三，注重可持续发展的均衡性。当前人们普遍接受的定义是 1987 年由世界环境与发展委员会发表的《我们共同的未来》中提出的：可持续发展是既满足当代人需要，又不对后代人满足其需要的能力构成危害的发展。这一权威定义成为可持续发展理论的基石。

（二）可持续发展理论的内容

可持续发展理论涵盖了三个方面的内容：经济发展的可持续、社会发展的可持续和生态发展的可持续。只有实现三个领域的协调统一，才可能实现可持续发展。

可持续发展理论注重以辩证的方法去认识发展与可持续之间的关系，并把经济发展作为目的，将可持续作为前提和基础，强调在可持续的要求指引下实现经济发展。要达到这一目标，必须协调好社会、经济和环境之间的关系，改变传统的经济发展对环境无度、蛮横索取的状况。可持续发展要求尊重环境、保护环境，实现社会、经济和环境全面协调发展。同时，可持续发展理论是一种具有系统化、整体化、全球化特征的发展理论，要求人们打破短视的狭隘眼界，注重长远利益，将局部利益与整体利益结合起来，兼顾当代人的发展需要和后代的发展需要，兼顾经济的发展与社会系统其他方面的发展，既考虑本地区的发展，又不能损害别的地区的发展。

第三节　现代农村集体经济发展机制

一、现代农村集体经济发展机制的必要性

农业、农村、农民问题是关系国计民生的根本性问题，必须始终把解决好三农问题作为全党工作重中之重。要坚持农业农村优先发展，巩固和完善农村基本经营制度。随着中国经济的迅速发展，市场化步伐加快，农村发生了翻天覆地的变化。现代农村集体经济组织作为现代农村集体经济的重要载体，其发展水平的

高低直接影响"三农"问题的解决质量，影响农村经济发展以及党在农村地区的凝聚力、号召力和战斗力。壮大集体经济和提升集体经济的自我发展能力是我国应对世界农业发展挑战的重要途径，更是顺应新时代中国经济发展的客观规律和进一步发展我国现代农业的战略抉择。

（一）应对世界农业发展挑战的重要途径

1.世界农业发展的趋势

近年来，随着水资源短缺、耕地减少、自然环境恶化等问题的逐渐凸显，世界农业发展面临着艰巨的挑战。传统农业向现代农业转变、生物技术和信息技术广泛应用、生产模式多样化和农业可持续发展等已成为当前及今后很长一段时间内世界农业发展的重要特征。未来全球农业发展将主要呈现以下几个趋势。

（1）农产品产量的提高主要依靠单产增加

尽管根据预测，农产品单产的增长速度将略有放缓，但依靠缩小单产的差距仍然能够提高产量。当前世界范围内，各国单产差距仍然较大，特别是在撒哈拉以南的非洲。世界粮食耕种面积仅将小幅增加，其中，大豆种植面积的进一步扩大将满足世界对动物饲料和植物油的需求；肉类和乳制品产量的提高将实现养殖数量和单产水平的共同提高，但各国在养殖强度上仍然存在巨大差异。

（2）贸易增速将减缓

以往经验表明，农产品贸易对于宏观经济波动的抵御能力一般强于其他商品贸易。由于农业产业的受保护水平较高，进一步促进农业产业的市场自由化可以有效推动贸易增长。粮食进口将在维护粮食安全的过程中起到更加重要的作用。尽管一些国家的粮食需求不断增长，但并没有充足的自然条件在国内耕种粮食，而另外一些国家则可能在农业发展过程中出现一些问题，需要予以解决。预测显示，到2026年，美洲、东欧和中亚地区的农产品净出口数量将会增加，而亚洲、非洲和中东地区的净进口数量将会增加。粮食出口仍将集中于少数几个国家，而进口则较为分散。这意味着世界农业市场将更加容易受到自然因素和政策因素造成的供应冲击的影响，而非需求冲击的影响。

（3）农产品价格将呈下降趋势

按照经合组织和粮农组织对农产品基本供求价格的预测，大部分农产品的实际价格将呈现小幅下降的态势，未来将保持在低于此前峰值的水平。此外，农产品价格将出现相当大的波动，可能在较长一段时间内偏离长期趋势。

2.我国农业发展面临的国际性挑战

（1）对我国农业生产提出的挑战

一是农业支持力度不足。相对于发达国家的农业支持和补贴力度，我国农业支持力度明显还不够，农业生产动力不足。

二是农业投资回报率低，农民种粮积极性不高。近年来，物价水平，特别是房价水平继续上升，劳动力成本也迅速上升，城镇居民人均可支配收入快速增长，而农产品价格却保持相对稳定，农民的种粮积极性大大降低。加之从劳动力和资本分配的宏观环境而言，由于农业的投资回报周期长、回报低，农民的农业经营积极性普遍不高，许多农民的主要收入已经不再从土地上获得。

三是农产品的安全性受到质疑。近年来，食品安全问题的频繁出现引起了人们的广泛关注，农产品的安全问题越来越受到人们重视。此外，随着全球经济的快速发展和人们消费水平的日益提高，消费者对农产品的需求呈现多样化、高质量化和品牌化的趋势，而且对农产品的需求已经由从前的注重解决温饱问题转变为更加注重品质和健康。农产品市场的发展也已经从卖方市场转变为买方市场，在农业生产的过程中，我们应当更加注重市场影响因素的变化。长期以来，我国农业生态环境不断恶化，出现了如大气污染、灌溉水污染、农药残留污染、农产品加工过程污染和包装污染等问题，食品安全受到严重威胁。农产品容易受到外国消费者和农场主的抵制，在国际竞争中处于不利地位。

四是农业科技水平差距较大。西方发达国家经济基础好，科技发展迅速，在农业发展过程中始终走在农业科技的前列。目前中国虽然加大了农业技术研发投入，但核心技术研发相对滞后，更新能力与产能均不足，与发达国家差距较大。

（2）对我国农业组织形式提出的挑战

长期以来，我国农业耕作方式以家庭为单位，力量分散而单薄，无法在国际竞争中争取到有利地位，主要表现在以下几个方面：首先，新型农业经营主体未能有效融合发展。家庭农场、农业合作社、农业企业等新型农业经营主体仍然处于较为分散的状态，在经营过程中需要进一步加强融合发展。其次，缺乏农业生产的代表性组织。农业生产主体之间缺乏沟通协调，特别是省际的沟通，导致彼此间恶性竞争时有发生，农民自身利益难以维护，而国外的农民都有自己的利益代表组织，它们代表农民的利益，在生产与流通方面发挥着重要作用。最后，中国目前的农业生产组织不适应国际农业生产的竞争。中国现阶段实行的家庭联产承包责任制与中国农村的实际情况相吻合，但由于其生产规模过小，生产效率低，单位农产品投入成本过高，往往在与生产产业化、集约化和规模化的国际农业的竞争中处于弱势地位。

随着国际分工、经济全球化和贸易自由化进程的不断加快，越来越多的国家和地区开始参与世界农产品贸易。其中，各国的农产品贸易与其资源禀赋、经济发展水平、农业生产技术、国内外市场需求以及国内农业政策等因素密切相关。

长期以来，我国的农业经营由千家万户的小农户生产组成，这种分散的生产方式在面对大规模的市场变化和资源调配时，难以保持竞争力。近年来，全国各地出现了一些新型的农民合作组织和农业龙头企业，传统农业逐步转变为新型现代农业，生产效率显著提升。此外，自20世纪70年代以来，随着人口的快速增长，粮食需求已超过粮食生产的增长速度。主要原因在于：农业能源消耗过大，投入效率持续下降，能源危机更为严峻；水资源短缺和土地资源退化导致植被破坏严重、农业耕地生产力下降；长期粗放型生产导致环境污染，人类健康受到严重威胁。世界农业发展思路逐渐转变为如何在促进农业生产力水平显著提升的同时，加强生态资源保护，不断减少农业生产对生态环境的影响，从而实现农业的可持续发展。

（3）对我国农业市场提出的挑战

近年来，全球农产品质量和结构都发生了重大变化。研究表明，随着世界各国经济的发展和人均收入的提高，各类农产品的贸易份额发生了显著变化。农产品贸易从传统的数量型逐渐转变为营养型，同时，我们对粮食的需求量下降，但对动物高蛋白产品以及水果的需求量上升。此外，对未加工的农产品需求转变为对高附加值、适合长距离运输的加工类食品的需求。

随着国际贸易自由化的持续推进，农产品贸易壁垒愈发严峻，已经从之前的关税壁垒转变为非关税壁垒，从数量制约转变为技术制约，并且隐蔽性在逐渐增强。发达国家的限制性措施在深度、广度上均有一定的超前性，发展中国家则受到经济实力和科技发展水平的限制，难以与发达国家抗衡。

在我国农业发展水平相对落后、粮食安全与食品安全存在隐患、农民种粮积极性降低和生态压力加大的背景下，世界农业的迅速发展对我国农业发展提出了严峻的挑战，要求我国加快建立和完善现代农村集体经济发展机制。在乡村振兴战略指导下，保障农民市场主体地位，健全农产品交易的相关法律法规，完善农村市场经济秩序，发展农村生产要素市场，逐步形成农村资金市场，加强对农用生产资料市场的管理，控制农资价格的上涨显得尤为重要。

（二）顺应新时代中国经济发展的客观要求

中国经济进入了新常态，经济发展的条件也随之发生了新的变化。从当前经济发展实际来看，我国综合国力显著提高，人民生活水平大幅提高，社会主要矛盾转变为人民日益增长的美好生活需要和不平衡不充分的发展之间的矛盾，不能简单以追求国内生产总值来论英雄。

推动高质量发展是当前和今后一个时期确定发展思路、制订经济政策、实施宏观调控的根本要求，必须深刻认识、全面领会、真正落实。党的十九大报告中提出了经济工作新要求，即"坚持质量第一、效益优先，以供给侧结构性改革为主线，推动经济发展质量变革、效率变革、动力变革，提高全要素生产率"[1]。高质高效发展是新时期社会发展的主要目标，也是社会主要矛盾变化的内在要求，意味着人民希望获得更好的教育，拥有更稳定的工作和收入、更可靠的社会保障、

---

[1]　习近平. 决胜全面建成小康社会 夺取新时代中国特色社会主义伟大胜利：在中国共产党第十九次全国代表大会上的报告 [J]. 当代江西，2017（11）：4-28.

更高水平的医疗卫生服务、更舒适的居住条件和更优美的环境，期盼着孩子们能成长得更好、工作得更好、生活得更好。高质量发展要求质量与效益并举，加快经济发展方式转变。其根本在于：首先，从传统的追求数量增长转变为追求质效并重；其次，从传统的单纯依靠要素粗放型投入转变为依靠创新驱动发展；最后，将传统的依靠投资和外需拉动经济增长转变为依靠内需尤其是国内消费需求带动，实现"三驾马车"协调拉动经济发展。

经济结构调整的主要内容包括以下几点：优化产业结构，大力发展战略性新兴产业和高新技术产业，以高新技术促进传统产业改造升级，发展现代服务业和生产性服务业，建立健全现代产业发展的新体系；促进城乡统筹，加快农民市民化、农业产业化、农村城镇化；实现区域协调发展，深入落实西部大开发战略，振兴东北地区等老工业基地，深入挖掘中西部地区后发优势，促进区域经济协调发展。

改革开放以来，我国不断推进经济社会全面发展，加快产业转型升级，但与世界经济发展水平相比，仍存在较大差距，在发展过程中仍然存在较多问题。中国的发展应当走工业化、信息化、城镇化和农业化协同发展的道路。加强工业发展与信息化深度融合，充分利用现代信息技术实现传统产业转型升级，培育经济新业态、新模式。应加快城镇化发展进程，促进工业化和城镇化的相互促进、协调推进。通过工业产业转型升级和新经济的发展为城镇化发展提供就业岗位和发展所需的物质基础，让城镇化进程的加快为工业发展提供丰富的劳动力。农业现代化发展是连接城镇化和工业化发展的桥梁，其不仅为工业发展提供原材料，也为推动城镇化发展奠定物质基础，同时还是打破城乡二元结构、实现城乡一体化发展的重要手段。

实现共同富裕，让发展的成果更多、更公平地惠及全体人民，是完善和发展中国特色社会主义制度的基本要求，也是实现"两个一百年"奋斗目标的制度和体制保障。因此，在我国经济发展的过程中，必须牢牢坚持共同富裕的奋斗目标不动摇。为此，需要深入推进收入分配体制改革，促进劳动收入和劳动生产率同步增长，提高劳动收入在初次分配中的比重；完善要素市场决定的收入分配机制，缩小居民收入分配差距；推进社会体制改革，推动基本公共服务均等化。

面对经济新常态，为正确应对当前农业面临的内外压力和挑战，必须坚定不移地加快转变农业发展方式，从单纯追求产量增长转向提高质量，逐步改变现有资源利用率低、能耗高的粗放增长模式，加强农业技术创新，提高农产品的市场竞争力，走出一条高效、安全、可持续发展的现代农业发展之路。现代农村集体经济发展机制是推进农业可持续发展的保障。农业的可持续发展是在可持续发展理论的指引下，以生态文明发展为方针，注重各个生产要素与环境之间的关系，改变传统农业的粗放型发展方式，以先进的科学技术武装农业，促进技术、经济以及环境之间的协同推进，形成经济、社会、环境协调发展的农业经济布局，推进农业产业结构转型升级，从而实现农业的可持续发展。

现代农村集体经济发展机制是发展生态农业的重要保障。生态农业是指应用生态学和系统工程学的理论，将高新技术与传统农业相结合，以实现农业现代化和农业可持续发展。其中，发展有机农业是发展生态农业的主要内容。有机农业是指在遵循自然规律和生态学原理的基础上，将高污染、高消耗的农业生产技术转变为通过传统的农业生产方法，保证农产品和环境不受污染的农业。

现代农村集体经济发展机制是发展循环农业的重要保障。循环农业是以"减量化、再利用、再循环"为手段，减少外部有害物质的投入和农业废弃物的产生，减轻生态环境的污染及破坏，将农业生产活动纳入生态系统循环中，兼顾农业生产的经济效益与生态效益，从而实现农业可持续发展的农业生产方式。

中国特色的农业现代化，是坚持中国特色社会主义道路、以实现共同富裕为根本目标，以农村集体经济组织为主体的现代化。而农村集体经济则以家庭联产承包责任制为基础，在实行统分结合的双层经营体制基础上，转变传统的以分散经营为主的情况，促进集体经济统一经营角度的创新，逐步实现农业生产社会化、专业化、规模化、集约化等新要求。现阶段发展农村集体经济是农业产业、农业环境和农业主体实现现代化的必要条件。首先，发展农村集体经济有利于农业生产活动实现规模化、集约化，从而降低农业生产的成本，同时提高生产效率。其次，发展农村集体经济有利于减少市场交易环节、降低市场交易成本、促进农民收入增长。再次，发展农村集体经济有利于农业信息的共享平台的建设，使农民能够及时、准确地获取优质农业信息。最后，发展农村集体经济有利于农业科技服务体系的建设，可加强基层农业生产者对农业先进科学技术的接收和应用能力。

发展现代农村集体经济有利于加快实现农业环境现代化，主要原因如下：首先，现代农村集体经济组织能够弥补国家财政在农村基础设施建设方面投入的资金总量及覆盖面的不足；其次，与小农经济决策的随意性相比较，集体经济的决策更具科学性，更有利于对生态环境的保护及农业可持续发展；再次，农村集体经济的发展有利于增强农村基层组织能力，重建乡村社会秩序、完善乡村文化体系；最后，发展农村集体经济有利于增强农村基层组织的凝聚力，提高其市场适应能力及抵御市场风险能力，而基层组织的凝聚力、领导力的加强，也有利于提升党和政府在基层的形象。

农业主体现代化既是落实乡村振兴战略的根本要求，也是实现中国特色农业现代化的必要条件。现代农村集体经济发展能够加快实现农业主体现代化，主要原因如下：首先，集体经济有利于重塑农民价值体系，农村集体经济组织为农民提供有效的经济支持，既可以改变农民将物质利益作为唯一追求目标的现状，也可以提高农民参与农业经济活动的自觉性和创造性。其次，与传统农民分散经营相比较，集体经济组织抵御市场风险的能力显著增强，在其生产经营过程中农民的水平和素质也显著提高。最后，农村集体经济具有民办性、合作性、专业性和开放性等优势，可以将其服务渗透到从生产到流通的各个环节，为农民生活提供物质保障，从而实现农民生活方式的现代化。

（三）进一步发展我国现代农业的战略决策

1. "农业强"的战略决策需要

社会发展应始终坚持经济先行。在新农村建设中，生产发展是核心环节，并为其他目标的实现奠定根基。

其一，现代农村集体经济的发展对农业生产环境起到了良好的改善作用，显著提升了生产效率；现阶段，无论是党中央，还是当地政府，都没有足够的资金来全面改善农村地区的生产环境，单纯依靠"一事一议"的方式也不能彻底解决问题，不能预防"搭便车"现象，也不能避免其他连锁反应的产生。所以，改善农业生产环境的过程，如提高机械化程度、改进灌溉设施等，都离不开农村集体经济的发展。

其二，现代农村集体经济的发展有利于农业经营朝着适度规模化的方向发展，提升农业现代化水平。从本质上来讲，农业现代化指的是高效率生产要素取代传统生产要素的过程，只有当农业实现适度规模化经营之后，这种取代过程才具有经济性和可行性。从这个层面来看，农业现代化的核心在于土地的有效流转，农村集体经济所处的地位使它在推动土地流转、农业经营适度规模化过程中具有明显优势。经过反复实践，不难发现，在农村集体经济方面呈现良好发展态势的村庄，其组织自身就已经实现了农业适度规模化经营。与个体适度规模化经营比较，集体能将大片土地聚集起来，在规模上更具优势，土地流转更加规范，不仅能显著增强农村集体经济的实力，并且能在土地流转过程中充分保障农民的根本利益，使农民更加积极主动地将土地流转至集体，这样一来，土地流转所需的费用就明显降低。

其三，现代农村集体经济的发展对产业协调发展极为有利。当然，农业现代化不仅体现在生产环节中，也是实现农业产供销一体化的重要途径。在发展农村集体经济的过程中，大力发展与农产品有关的行业，实现农业产业化发展，增加农产品的附加值，有利于调整农村产业结构，对农村经济发展非常有益。

2."农民富"的战略决策需要

对农民来讲，收入水平是评判生活富裕程度的重要指标。所以，保持农民收入持续稳定增长，不仅对广大农民生活质量的改善极其重要，也对整个社会的和谐稳定非常关键。

随着市场经济在我国的快速发展，家庭生产呈现分散状态，在日益激烈的市场竞争中，衍生出很多问题，很多小农户在走进大市场之后，都遇到了"买难卖难"的问题。农村集体经济则可发挥桥梁作用，将分散的农户聚集起来，使他们与外部市场进行联结，让农户在激烈的市场竞争中增强谈判优势，提高农产品价格；同时，通过集体形式参与市场竞争，减少交易成本。从这个层面来看，参与集体经济，既增加了收入，又减少了成本，广大农民可借此获得更多纯收入。

值得一提的是，现代农村集体经济还能帮助农民拓宽收入渠道，比如在现阶段涌现的土地股份合作社、社区股份公司等新型模式下，农民既能通过入股获得分红，也能通过付出劳动获得报酬，这样一来，就能通过多种形式增加收入。除此之外，现代农村集体经济的发展，从经济层面为农民所享有的福利待遇提供了保障。实践发现，那些集体经济快速发展的地区，除了能为村民增加收入途径，还可以提供紧急救助和保险，让农民在改善生活质量的同时，真正实现病有所医、老有所养。

（四）推动我国现代农村集体经济发展的必然选择

在推动现代农村发展的过程中，现代集体经济建设发挥着举足轻重的作用。立足当前新时代的发展背景，农村集体经济具有重要的战略地位。在实施乡村振兴战略的过程中，应将集体经济培育为促进乡村振兴的重要根基，为推动农业农村的快速发展奠定良好的基础。城乡融合发展的实现，也离不开农村集体经济的建设。只有加快推进农村集体经济建设，才能真正实现农业强、农民富、农村美的奋斗目标。

1. 乡村振兴的基础

进入新的发展时期之后，我国的社会主要矛盾发生了转变，主要是人民日益增长的美好生活需要和不平衡不充分发展之间的矛盾。新时代，我国发展不充分不平衡主要表现为农村地区的发展不够充分，城乡之间的发展失衡。在实施乡村振兴战略的过程中，发展现代农村集体经济是中心环节，是改变传统风貌的关键途径，也是实现精准脱贫的有力举措。此外，还能有效解决农村不充分发展、城乡不平衡发展的问题。在农业供给侧结构改革过程中探索新思路，有效改善民生环境，对脱贫攻坚任务的完成发挥支撑作用，从而实现现代农村社会的和谐发展。

2. 城乡融合发展的载体

在构建城乡融合发展体制、加快推动农业农村现代化发展的过程中，农村集体经济发挥了非常关键的作用。所谓城乡融合发展，就是在农村地区建立健全经济发展载体，从战略层面为农村集体经济的发展和壮大奠定基础。农村都在国家经济的发展过程中扮演着重要角色。在对传统农业进行改造时，农村发展领域的欠账较多，伴随着城市化进程的推进和工业化的发展，应将工业反哺农业、城市支持农村发展的理念贯彻到位，让城乡之间的差距变得更小，推动农村经济社会快速发展。

现代农村经济发展体系的构建，特别是农村集体经济的发展，能从物质层面为中国特色社会主义事业发展提供有力支撑。除此之外，现代农村集体经济的振兴，既有利于发展现代化农村经济组织，又能提高工业反哺农业的效率，带动农村经济快速发展，从而为农业农村现代化发展奠定扎实的根基。

3. 农民生活改善的依托

发展现代农村集体经济，既能推动农村经济快速发展，也能明显提升农民的生活水平。现阶段，越来越多的农民离开故土，进入大城市，过着在外漂泊的打工生活，很少关心农村事务，还有些农民甚至对农村未来的发展不抱希望。实际上，现代农村集体经济的迟滞发展，在一定程度上对农村的建设产生了负面影响。在这样的情况下，只有快速发展农村集体经济，才有可能焕发农村的发展活力，推动相关事务的高效开展。应当明确的是，发展现代农村集体经济，受益最大、最直接的就是农民，除了能为农民提供大量工作岗位，增加其收入机会，还能有效处理历史遗留下来的社会难题，让农民在生活和"工作"中寻求平衡。虽然"背井离乡"的打工生活能增加农民收入，但"亲人分离""离婚危机"等难题也随之而来，导致农民的幸福指数降低。而在发展现代农村集体经济的过程中，以上问题都能迎刃而解。

除此之外，发展现代农村集体经济，还可从物质层面更好地支撑社会建设。

在农村地区的建设发展过程中，政府需要投入大量资源。现阶段，农村集体经济处于迟滞发展阶段，政府支持力度非常有限，对社会事业的发展达不到助推的效果，特别是很难及时供给公共品。但现代农村集体经济得以快速发展之后，则可有效解决这些问题，使农村地区的发展充满生机，农民生活条件显著改善。

二、现代农村集体经济发展机制构建的原则、条件与目标

现代农村集体经济发展机制的构建必须始终坚持党管农村工作、坚持农村土地集体所有制、巩固和完善农村基本经营制度以及深化农村集体产权制度改革等基本原则，在此基础上，应明确现阶段发展农村集体经济所具备的条件，将"农业全面升级、农村全面进步、农民全面发展"作为发展目标，稳步有序地实现乡村振兴。

（一）现代农村集体经济发展机制构建的基本原则

1. 党管农村工作

在深入落实乡村振兴战略的基础上，加快构建现代农村集体经济发展机制，毫不动摇地坚持中国共产党对农村工作的领导。在工作实践中，应不断完善党管农村工作的体制机制以及相关法律法规，从党建工作和人才建设等方面入手，发挥党在农村工作中掌握全局的作用，为现代加强农村集体经济发展机制构建、实现乡村振兴提供强有力的政治保障。

首先，深入推进党建工作。重点加强基层组织体系的建设，增强基层党组织的政治引领和服务群众的能力和领导核心地位，发挥农村基层党组织的战斗堡垒作用。加快推进现代农村基层党组织整顿工作，加强对不合格党员的处置力度，积极鼓励和引导农村党员发挥模范带头作用。

其次，加强人才队伍建设，提升农村地区带头人的整体质量。第一，加快向贫困村、软弱涣散村和集体经济薄弱村党组织派出"第一书记"；第二，利用体制机制和各种政策引导和鼓励高校毕业生、机关企事业单位优秀党员干部到村任

职，实现现代农村基层党组织干部管理、协调、统筹等能力的全面提升；第三，完善现代农村基层组织干部选拔制度，健全在基层组织中选拔乡镇领导干部、考录乡镇组织公务员和招聘乡镇事业编制人员的相关制度。

2. 农村土地集体所有制

农村土地集体所有制作为我国现代农村的基本经济制度，不仅是《中华人民共和国宪法》所确立的，也是现代农村相关法律法规在制度层面的安排。因此，农村土地集体所有制也是现代农村集体经济发展机制构建中需要坚持的最基本的制度原则，更是我国现代农村当前和未来发展的必然选择。正如习总书记强调的，无论我国农村改革怎样推进，都应当始终坚持农村土地集体所有，在基本制度不变的条件下深入推进现代农村集体经济发展机制的构建。在我国稳步实施农业"供给侧"改革的过程中，必须把农村土地集体所有制作为农业农村改革的基本原则，进一步培育农业发展新动能，提升农产品供给质量与生产效率，释放制度红利。

农村土地集体所有制必须始终坚持两个原则：一是农村改革的底线——农村土地集体所有。应立场坚定地反对农村土地私有化，始终坚持农村土地属于农民集体所有不动摇，谨慎稳妥地推动农村土地制度改革。二是强化农村土地集体所有权。在现代农村集体所有权确权的基础上，积极探索农村集体所有制的有效实现形式，激发农村集体经济的发展动力。

3. 深化农村集体产权制度改革

维护农民群众的利益，加快推进农村集体资产核算、集体成员资格认定，深入落实现代集体经营性资产股份合作制改革；尊重农民群众意愿，以有偿转让的方式鼓励进城落户农民依法转让土地使用权；坚持分类有序推进改革，推动资源变资产、资金变股金、农民变股东，深入发掘现代农村集体经济新形式和新机制；坚持党的领导，充分发挥基层党组织的领导核心作用，坚持正确的现代农村集体产权制度改革方向，防止少数人侵占集体资产的行为；加快推进现代农村集体经济立法工作，从法律层面确定组织形式、职能定位和管理办法。

（二）现代农村集体经济发展机制构建的基本条件

1. 农村三产融合发展为现代农村集体经济发展奠定基础

农业产业化是探索现代农村集体经济实现形式的有效途径。一方面，在小农经济体制下，农村各项产业的分裂状态较为明显，各个产业间的联系明显不足。现阶段，随着现代农业产业化发展进程的加快，农产品的供产销以及农工贸的产业链重新整合联结，并形成完整的产业体系。与此同时，通过变革传统增长方式，完善农业内生积累和内生增长的机制，农村、农业的现代化发展进一步加快。

另一方面，现代农村发展的适度规模经营，需要以维持农民的土地经营权长期不变以及以农民自愿为前提条件，也需要农业从分散经营逐步向产业化经营跨越。现代农村三产融合发展对调整农业产业结构、理顺土地和农产品流通关系、提高农民的组织化程度具有促进作用，对培育符合社会主义市场经济需要的多样化经济形式具有重要意义。

2. 逐步完善的土地承包关系是现代农村集体经济发展的基本保障

土地是现代农业生产经营中最基本的投入要素，也是农民赖以生存的源泉。现代农村基本经营制度的改革主要围绕土地权利归属问题展开，其本质是对社会主义集体所有制的不同实现形式的积极探索。我国自1982年起实行多种形式的社会主义集体经济生产责任制；1984年继续完善家庭联产承包责任制；1987年进一步完善农村双层经营体制；1993年实现多种形式合作经济并存，即社会主义劳动群众集体所有制经济；2013年在坚持和完善最严格的耕地保护制度前提下，赋予农民对承包地占有、使用、收益、流转的权利及承包经营权、抵押担保权，允许农民以承包经营权入股实现农业产业化经营。上述事实表明，我国土地制度改革的政策演变，是在坚持农村土地集体所有的基础上对土地使用逐步放权的结果，也是提高资源配置效率的不断探索。

建立城乡统一的建设用地市场，是完善要素市场、推进土地制度改革、健全城乡发展一体化体制机制的必然要求。伴随土地制度的改革，农村土地承包关系逐步完善。在符合规划和用途管制的前提下，应允许现代农村集体经营性建设用地出让、租赁、入股，实行与国有土地同等入市、同权同价；同时，"三权分置"的土地制度进一步落实，现代农村土地资源得到盘活，土地在各类经营主体间流转，土地的适度规模经营逐步实现，为现代农村集体经济发展提供了基本保障。

3. 农村专业人才队伍建设为发展现代农村集体经济提供人才保障

新型职业农民是新时代我国现代农村集体经济建设的主力军，他们的素质直接关乎农业的现代化和农村集体经济建设的成效。我国对新型职业农民的培育，目前已取得明显进展与成效，不仅为我国农业现代化发展增添了生机活力，也为集体经济建设提供了人才保障。新型职业农民正在加快成为我国现代农业集体经济建设的先行力量，伴随"四化同步"发展和城乡一体化战略的深入落实，大量有文化、懂技术、会经营、擅管理的新型职业农民不断出现，并逐渐发展成为建设农村新产业新业态的主导力量，成为应用新技术新装备的引领者和发展农村集体经济的实践者。

农村领导队伍是现代农村集体经济建设的主心骨。近年来，基层组织领导队伍整体素质显著提升。党和国家长期重视对村干部、后备村干部、复员转业军人和大中专毕业生等人员的选拔和培养工作。工作开展较滞后的农村，由上级党组织下派能力较强的党员干部到村担任村党支部书记或副书记，或开展"一村一名大学生计划"，这些工作取得了一定的成效，并为以后工作的开展打下了基础。通过人才资源整合，党员队伍建设得到加强；随着各项制度的逐步完善，党员干部队伍的凝聚力和向心力显著增强。与此同时，围绕现代农业农村经济工作大局，各级政府积极响应国家关于选聘高校毕业生到村任职工作的战略部署，落实"选调生"和"一村一大"等人才选拔工作，组织开展大学生"村官"培训班，提高他们的创业能力和带领农民群众致富的能力，使其在引导农民建设小康社会的过程中发挥重要作用。

返乡人才是现代农村集体经济建设的推动力。近年来，各项鼓励外出人才返乡创业的优惠政策陆续出台，针对有专业知识技能、有创业意愿的大学毕业生、退伍军人等返乡人员，规划建设了创新创业孵化基地，为他们提供创业咨询等服务，引导他们利用互联网平台推进农产品上线，带动农村三产融合发展。在吸引外出务工人员返乡创业，创造就业岗位的基础上，将返乡创业与就业岗位与扶贫工作紧密结合。结合农村贫困农民的就业意愿，整合贫困村群众并就近安置农民就业。对返乡人员进行培训，进一步提高返乡人员的创业就业能力。

（三）现代农村集体经济发展机制构建的目标

现代农村集体经济发展机制构建就是在乡村振兴战略的指导下，走效益优先、高质量发展的农业产业振兴之路，走中国特色社会主义乡村振兴之路，让农业成为有奔头的产业，让农民成为有吸引力的职业，让农村成为安居乐业的美丽家园，从而实现农业升级、农村全面进步和农民全面发展。

1. 农业全面升级

（1）农业综合生产力稳步提升

①实现现代农业产值稳步提升

近年来，我国农产品产量不断提升。在现代农村集体经济加快发展的新时期，农业综合生产力稳步提升成为农业发展的一个重要目标。

②实现现代农产品质效并举

落实现代农业供给侧结构性改革，在满足数量需求的基础上，不断提升农产品质量。以农产品消费结构转型升级为导向，扩大高端供给、减少低端供给；农业种植结构和地域分布实现优化；做大做强特色产业，建立品牌效应，实现农业规模化、标准化、信息化发展。

③实现现代农业的绿色发展和创新发展

一方面，逐步实现现代农业绿色发展。农业环境治理工作深入推进，清洁生产方式和节能生产方式得以应用，弃物资源再利用水平提升，实现农业可持续发展。另一方面，实现现代农业创新发展。第一，现代农业科技创新体系逐步完善。产学研结合加强，自主创新能力增强，推动农机装备换代升级，农作物机械化水平进一步提升。第二，现代农业科技转化及推广应用速度加快。农村科技服务体系不断完善，农业技术推广加快。第三，现代农业就业水平提升加快。组建了一支知识水平高、创新能力强的农业经营队伍。第四，现代农业信息化深入推进。大力发展数字农业，实施智慧农业林业水利工程，推进物联网试验和遥感技术的应用。

（2）现代农村三大产业融合发展

①三产融合发展水平显著提升

应摒弃长期以来传统的现代农业生产方式，使产品加工、观光体验、健康养老等三产融合发展的潜力不断显现；从供给侧结构性改革着手，推动农业生产经营模式不断创新，使农产品质量得到提升，实现产品多样化，让农业发展由总量扩张向质量提升转变；三产融合的产业链逐步健全，三产衔接能力显著提升，从而实现三产协调发展。

②三产融合工作机制不断完善

应完善跨区、跨省多部门联席会议制度，加强各区域间的协调沟通、部门协作，在协调推进农村产业发展过程中实现现代农村三产融合发展。

③现代农业发展新业态加快成形

应推动现代农业与文化、科技、生态、旅游、教育、康养等产业的深度融合，发展休闲农业和乡村旅游等现代农业发展新业态，呈现出主体多元化、业态多样化、设施现代化、服务规范化和发展集聚化的态势。着力打造集自然、风情、历史、人文等于一体的"可游、可养、可居、可业"的乡村景观综合体和田园实践馆，推广休闲农业示范县、美丽休闲乡村和经典旅游线等地方知名品牌。

④三产融合主体加快壮大

应培育一大批基础作用大、引领示范好、服务能力强、利益联结紧的专业大户、家庭农场、农民合作社和农业产业化龙头企业，壮大农村三产融合发展的主体。让现代农村三产融合主体实现由数量增加到质量提升、从单纯生产到综合带动、从收益独占到利润共享的重大跨越。

（3）现代农业基础设施不断夯实

现代农村基础设施建设工作是农村经济发展的基础、重要环节和主要内容，也是现代农村集体经济发展的重要目标。具体而言，乡村公路、电网、物流、信息等基础设施进一步完善，现代农村快速发展和城乡互联互通的基础逐步夯实。现代农业基础设施未来需在以下几个方面进一步夯实：一是修建完善贯通村组的硬化道路，加快促进"四好农村路"建设。同时，增加农村公路养护转移支付，不断加强农村公路养护力度。二是节水供水重大水利工程取得成效，农村用水安全显著提升。三是实现农村电网改造升级，制订完善"村村通动力电"的规划，加强农村可再生能源开发利用。四是数字乡村战略深入落实。实现农村宽带和移动网络的全面覆盖，全面推广各种适于农村的智能化产品、信息技术、应用和服务。五是提升气象监测手段，增强农村防灾减灾救灾能力。

2. 农村全面进步

（1）现代农村教育事业稳步推进

现代农村地区教育事业稳步推进主要体现在以下几个方面：一是现代农村义务教育发展机制不断健全，实现以"以城带乡、整体推进、城乡一体、均衡发展"为目标的义务教育发展机制的构建。贫困地区学校基本办学条件进一步改善，寄宿制学校建设加快，农村义务教育学生营养改善计划深入落实。二是现代农村高中学历教育普及加快，职业教育进一步加强，实现中等职业教育免除学杂费的目标。三是学生资助力度加大，农村新增劳动力接受高中及以上阶段教育的比例有效提高。以市、县为单位，偏远乡镇教育扶持力度加大，实现优质学校辐射农村薄弱学校常态化。四是城乡教师资源实现整合，教师队伍加快壮大，农村政策倾斜力度加大，农村教师待遇提高，农村地区教师年龄结构失衡、教师流动性大等实际问题得以有效缓解，包括农村学前教育、普通中小学、农村职业教育和其他成人教育在内的农村教育设施、教育条件得到不断改善。以现代农村为主的教育专项建设工程深入推进，建设效果显著。此外，随着农村经济建设的不断推进，农村教育水平将进一步提升。

（2）现代农村医疗卫生文化建设稳步推进

农村公共卫生服务得以强化，主要体现在以下几个方面：一是农村地区精神卫生、职业病和重大传染病的防治工作顺利推进，慢性病综合防控成果显著；二是基本公共卫生服务项目补助政策不断完善，基层医疗卫生服务体系建设工作顺利推进，乡镇卫生院和村卫生室的基础设施条件得到显著改善；三是乡村中医药服务明显增强。家庭医生签约服务工作顺利开展并进一步规范，为妇幼、老人、残疾人等重点人群提供的健康服务显著加强。

现代农村人居环境显著改善。农村人居环境突出问题的治理工作继续落实，重点做好垃圾污水治理和村容村貌提升等工作。加快推进农村户用厕所建设和改造工作，农民群众生活品质得到显著提升。在此基础上，总结推广适用于不同地区的农村污水治理模式，提供污水处理技术支撑和指导。现代农村环境综合整治工作深入落实。煤改气、煤改电和新能源利用有序推进。农村低收入群体安全住房保障体系完善加快。新建农房规划管控加强，"空心村"服务管理和改造取得成效。"乡村绿化"行动继续落实，古树名木的全面保护工作进一步加强，宜居宜业的美丽乡村建设持稳步推进。

现代农村公共文化体系日益健全。现代农村公共文化服务体系要求有标准、有网络、有内容、有人才，这就需要充分发挥基层公共文化机构的辐射带动作用，深入落实基层综合性文化服务中心建设，逐步实现现代农村公共文化服务全覆盖。文化惠民工作推进加快，公共文化资源逐步向农村倾斜，开始为现代农村提供越来越多的公共文化产品和服务。对"三农"题材文艺创作的支持力度加强，引导文艺工作者们积极投身于创作，以产出更多的反映农民生产生活特别是乡村振兴工作实践的优秀文艺作品，使新时代农村农民的精神面貌得以展现。本土文化人才积极投身乡村文化建设，现代农村文化市场的动力和活力显著增强，现代农村文化业态不断增加，文化市场监管工作随之加强。伴随着农村集体经济的不断发展壮大，农村公共文化体系也将进一步完善。

（3）现代农村社会保障体系逐步健全

现代农村社会保障制度进一步完善，主要体现在以下几个方面：一是城乡居民统一的基本医疗保险制度和大病保险制度逐步完善，农民重特大疾病救助工作

现代农村经济与管理研究

也在进一步开展落实；二是城乡居民医保全国异地就医联网直接结算工作稳步推进；三是城乡居民基本养老保险制度进一步完善，城乡居民基本养老保险待遇得以确定，逐步建立基础养老金标准正常调整机制；四是城乡社会救助体系筹协调运行，最低生活保障制度得到完善，农村社会救助兜底工作落到实处；五是多级多层次农村养老体系构建加快，多元化照料服务模式不断创新；六是现代农村留守儿童和妇女、老人以及困境儿童关爱服务工作稳步推进，农村精准扶贫工作得到加强和改善。

3.农民全面发展

全覆盖的公共就业服务体系正在不断完善，在这个过程中，企业和培训机构在开展职业技能培训方面作出了积极贡献。农民工多渠道转移就业，就业质量显著提高。随着城镇化的不断推进，各地户籍制度改革工作加快落实，现代农业转移人口在城镇有序落户，依法平等享受城镇公共服务。农村地区家庭工场、手工作坊以及乡村车间等不断增加，规模也不断扩大，环境友好型企业不断涌现，乡村经济发展逐步朝着多元化方向推进，并为农村居民提供了更多的就业机会。农民增收渠道增加，在现代农村内生动力和外生政策的支持下，现代农村低收入者的收入明显增加，农村中等收入群体扩大，农村居民收入增速稳步提高。

此外，政府还通过逐步完善现代农村三产融合发展体系，促进产业链延长、价值链提升和利益链完善。与此同时，通过保底分红、股份合作、利润返还等多种形式，农民合理分享全产业链增值收益。

三、现代农村集体经济发展的基础机制

发展农村集体经济是现阶段符合我国农业发展特征的重要战略选择，在乡村振兴战略的指导下，应当不断建立完善现代农村集体经济发展机制，发挥现代集体经济在促进农业产业发展、发展现代农业和增强农业竞争能力等过程中的作用。乡村振兴战略背景下的现代农村集体经济发展机制主要包括四个方面的内容：充满活力的激励机制、科学有效的治理机制、公平合理的分配机制、风险可控的退

出机制。在乡村振兴战略背景下，发展机制相互补充、相互作用，为集体经济健康快速发展提供了保障。

（一）充满活力的激励机制

现代农村集体经济组织发展的关键在于让管理人员、组织成员积极参与其中。激励措施能引发动力机制，让农民主动关心现代农村集体经济发展，在传统农村经济的基础上进行变革，让新型集体经济绽放光彩、充满生机。现代农村集体经济若要进行产权改革，就要建立激励机制。

1. 应激活农民的参与积极性

充分激活农民参与积极性，可让农民真正以主体的角色参与集体经济组织的建设和监督管理工作，从而有效发挥现代农村经济组织监督治理机制的作用。充分利用农村各类生产要素，赋予农民主体相关权益。以产权交易的形式促进规范化运作，给予农民更多的自主权。允许农民入股，对农民在集体财产中占据的份额进行调控，通过确权确股，明确农民的产权权利，让入股的农民能在重要事项方面发挥监督作用，提高农民参与的积极性和主动性，避免出现集体财产流失的情况。调控农村集体财产产权，加大改革力度，让内部成员享有对集体财产的控制权，激励农民以"主人翁"的身份参与各项事务。如果集体产权出现产权残缺、主体虚位等现象，可以对产权进行改革，以达到调控的效果。值得一提的是，产权清晰对规范交易行为、合理配置资源具有重要意义。具体而言，实施产权改革的过程中，可在充分考虑当地实际情况的基础上，进行资产清查，开展股权设置工作。

如果村庄已经完成产权改革，那么在开展调控工作时，可从以下方面着手：第一，现代集体股应尽量减持，最终完全取消集体股，防止出现新集体产权模糊不清的现象。可从集体经济每年的收益中按照适当比例提取公益金、公积金，修建村级基础设施，支付相关事务所需费用。第二，对个人股而言，应逐步完善个人股股权。对落实到户的集体财产，农民享有继承权、抵押权等，这能在一定程度上实现个人股股权的自由流动，有利于合理配置要素。除此之外，应适当增加筹集股所占比重，这可以让现代农村集体经济的产权主体更加多元化，使传统农村集体经济封闭发展的模式得到突破，将现代农村集体经济和社会资源充分结合起来，产生新的生产力，实现农村集体经济的快速发展。第三，完善现代农村基层民主制度。通过构建权力的制衡机制，加强对村领导的监督制约。建立现代农村集体经济组织村民代表大会制度，赋予村委会具体的执行权，实现有效的权力制衡；进一步加快推进农村集体经济产权改革，促进产权规范化交易，充分激活农民的参与热情；建立农村集体经济多元化治理结构，加快扶持多元化组织建设，充分发挥自治组织、行业组织、社会中介组织以及公益慈善和基层服务性组织在提供服务、协调利益等方面的积极作用。

2. 健全人才激励机制

引进更多优秀管理人才，并通过不同形式、手段发挥激励作用，如让管理人员获得更多利益报酬。对现代农村集体经济组织而言，内部经营管理人员的人力资本越高，组织就具有越强的经营绩效能力，能更好地带动成员走上致富的道路。因此，在理事会中要引进更多的优秀管理人才，加大培训力度，提升经营管理效率。与此同时，还可采取以下手段进行调控：财务公开；完善内部财务管理制度；形成现代经营管理考核机制；在监事会中适当提高中心股东的比例。除此之外，应确保组织内部按照正确的决策机制进行民主管理，让广大农民真正参与其中。在市场经济快速发展的过程中，提高现代农村集体经济收入，突破封闭发展模式，充分利用各项社会资源，提高资源利用率。引入社会资源可为现代农村集体经济的发展和壮大带来活力，同时有可能对农民的决策主体地位产生影响。所以，为了让农民以社员、股东的身份更好地参与现代农村集体经济的日常管理，形成监督约束机制，实现民主管理，可从社区股份合作社、农民专业合作社中汲取经验，将一人一票和限制表决权结合起来，将调控附加在资本投票权中，在组织内部的民主管理中更好地保障农民主体地位。除此之外，建立民主监督、民主选举和民主管理制度，在遵照相关规定的情况下，农民可享有相应的权利。

现代农村集体经济发展的激励机制包含的内容十分广泛，要建立健全激励机制，必须将其与建立科学有效的治理机制、公平合理的分配机制以及风险可控的退出机制相配合、相补充，以科学的治理机制不断完善内部治理，提高集体经济的运行效率，有效实现收入水平的提高；以公平合理的分配机制实现收入分配的合理性，在实现效率的基础上，进一步做到公平；以风险可控的退出机制鼓励集体经济成员合理退出集体经济，并明确界定集体经济成员的身份，激活现代集体经济主体的动力。

（二）科学有效的治理机制

现代农村集体经济的发展以维护农民切身利益为宗旨，只有在"民管""民有"的基础上，才能真正实现"民享"。集体产权的改革，让"民有"变得更加清晰，"民管"应以内部治理结构的建立健全为基础，主要体现在较为完善的治理决策机制上。内部治理机制的完善为现代农村集体经济的运营奠定了良好的基础，充分体现了集体成员的意志，对维护农村集体经济成员权益具有重要意义。

1. 建立治理机制的基本原则

（1）可控渐进原则

中国改革制度构建的一个重要特点就是渐进性，根据我国多项法律法规和地方管理办法的相关规定，现代农村集体经济治理机制的构建也应遵循可控制、渐进性的原则，这一过程是一种具有历史连续性的渐变，而不是打破历史和传统框架的激进性的突变。

（2）土地集体和国家所有且用途不变原则

我国的法律法规对农村土地用途也做了规定，因此，在现代农村集体经济治理机制的构建过程中必须坚持土地公有制和土地用途不变的原则。

（3）市场配置原则

市场机制是配置生产要素最有效的手段。因此，要在联系发展实际的基础上，不断完善现代集体经济的市场主体资质，推进其市场化水平的持续提升。

（4）自主监督和政府调控相结合原则

现代集体经济成员是集体经济组织的主体，因此，在集体经济组织运行过程中，必须充分发挥集体经济主体的监督作用。当前现代农村集体经济组织面临市场缺失的问题，土地集体所有制、土地用途管制等制度的实施都迫切需要政府"看得见的手"来发挥作用。

（5）村民自治、自愿原则

村民是现代农村集体经济组织的主体，因此，在现代农村集体经济的发展过程中，应当遵循村民自治原则。具体而言，在成员进入和退出机制、法人财产初始获得与决策机制建立等机制优化的基础上，充分尊重农民群众的合理意愿，各级政府不能强行干预农民作出违背自主意愿的行为。

2. 科学有效的治理机制构建

（1）明确产权结构，划清土地权利

农民所有权制度是现代农村集体经济在《中华人民共和国物权法》上的反映和体现，因此，治理机制的构建前提是确立明确的产权结构，划清相关主体间的界限。明确集体成员的权利，发挥治理主体的职能。进一步落实农民作为集体经济组织成员的权利，只有在清楚集体资产情况的前提下，其监督的职能才能得到充分地激活和发挥。深入研究集体经济股份制经营模式，探索监督其职能的有效实施路径，以期利用这一方式，在充分保障集体经济成员合法权益的基础上，对现代集体经济组织的治理主体实施充分有效的监督。

完善现代农村集体经济组织的内部治理结构，在明晰相关产权主体及其权利的基础上，理清相关主体之间的委托代理关系，避免内在摩擦，减少产权运行成本。建立完善现代农村集体经济土地产权结构，应该充分考虑集体经济组织内部的效率与公平，协调好相关参与者的利益，加快制订村集体经济组织法，明确将集体经济组织的法人财产权界定为农村集体土地所有权，对现代农村集体组织的内涵、职能，成员的进入、退出、权责等方面进行明确规定，产权设置包括：对于农村经营性用地，集体经济组织可以行使使用权；为保持集体经济组织公法人的性质不变，对所有农村集体土地，集体经济组织仅能被动行使占有权及收益权。

（2）借鉴现代法人治理结构，建立集体经济内部治理机制

不断完善监事会、理事会和代表大会，让这些机构充分发挥作用，相互制衡，

杜绝形式主义，避免出现机构徒有虚名的现象。在现代农村集体经济组织中，最高权力机构是社员代表大会或股东代表大会，能够充分调控组织内部发展，对影响现代农村集体经济发展的问题进行深入讨论，包括分配收益、项目投资等。执行机构是理事会、董事会，其调控作用具体体现在对农村集体经济组织的对外协调、日常事务等进行高效管理等方面。监督机构为监事会，作为社员、股东的代表，负责监督理事会、董事会。

现代农村集体经济组织内部治理结构要真正发挥作用，就要进一步落实体制机制。每隔一段时间要召开代表大会，充分发挥监督、选举和议事等职能作用。如果代表大会的召开次数较少，就难以起到监督、管理的效果。无论是组织内部的人事任免问题，还是重大项目决策，都可以召开代表大会进行讨论，通过选举作出决定。从某种程度上来讲，代表大会的召开次数真实地反映了组织内部的民主管理程度。提升民主管理程度，可吸引农民积极主动关注集体经济发展的情况，产生更强的参与感和责任感。除此之外，通过民主选举的方式产生核心经营管理人员，能有效避免出现委托代理现象。

加快完善现代农村集体资产管理。首先，推进集体经济组织与政治组织相独立。划清"村两委"与经济组织的职责范围，前者的主要工作是处理农村公共事务，促进社区建设；后者掌管集体经济的资产。二者相互独立、界限明确。其次，完善现代集体经济管理制度。应构建合理的集体财产管理机制，以"三会"内部治理结构为基础，设立集体资产管理委员会，其组成部分除了村民代表和村委会，还包括村党支部。应完善现代集体经济组织的人员选拔和组织关系制度，进而实现农村集体经济组织的科学化管理。充分考虑现代集体经济组织的历史发展过程，集体经济组织结构的构建方案应以村民小组为单位，经层层审批通过后，再提交县级政府单位备案。应构建并强化内部治理结构，明确集体经济组织成员的相关权利，通过增加集体土地租金不断提升成员的保障水平。

（3）健全经济组织外部行政治理，完善经营治理机制

传统农村集体经济组织大多停留在形式层面，按照"三位一体"的方式来进

行治理，极易形成"干部经济"，导致干群关系非常紧张，且行政干预会严重影响集体经济的市场化运作，使市场无法调控集体经济发展机制。在农村集体经济的实践过程中，现代集体经济组织应当构建较为完善的管理机制，真正实现"政经分离"的效果。现代农村集体经济组织要在"三会"内部治理结构的基础上，划清"村两委"与经济组织的职责范围。

农村集体经济的"组织者"是农村集体经济组织，它将分散的农户集合起来，以整体的方式进入市场，将销售、加工和生产等环节联合起来，当市场和农户之间出现矛盾时，发挥协调、控制作用。当前我国绝大多数农村地区的农村集体经济组织、村委会、村党支部形成了三位一体的格局，要深化农村集体经济组织改革，就应在成立新型集体经济组织后，将村党支部、村委会和农村集体经济组织的职责、目标等尽快明确下来，理清这三者之间的相互关系。现代农村集体经济组织的主要作用在于充分发挥经济管理的调控作用，从而实现集体财产的保值增值，各项资源的合理分配，集体企业的快速发展。村委会的本质是村民自治组织，应在尊重农村集体经济组织独立性的基础上，充分发挥其经济调控的作用，坚持"政经分开"这一基本原则，维护集体组织、村民的权益，对社会事务、公益事业等进行高效处理。党在农村开展各项工作的过程中，以党支部为战斗堡垒，将村务监管、政务推广视为重要职责，发挥监督、调控和领导作用，从这一点来看，应该将其和发挥执行作用的村委会区分开。事实上，村党支部、村委会和农村集体经济组织三者之间是采取"彼此分离、独立运营""相互交叉"的发展模式，还是"政经合一"模式，主要取决于农村集体经济的发展程度。可以明确的是，现代农村集体经济组织采取"彼此分离、独立运营"的发展模式，将有利于实现科学化、规范化管理，为市场化发展打下扎实的根基。

从行政管理机制上看，现代农村集体经济组织应当服从村委会、村民会议、村党支部的合理的行政管理方面的要求。村委会负责审批和协调现代集体经济组织成立、发展、消灭的相关事宜；村民会议对现代集体经济组织进行监督，通过农会协调集体经济组织内部成员相关权益；村民会议决定并批准现代集体经济组织的股东大会初始设置决议；村党支部通过现代集体经济组织内部的党支部进行意识形态领导、监督和教育工作，保证现代集体经济组织的发展方向符合国家和集体的核心利益。

构建经营治理机制的主要工作集中在加强农村土地交易平台建设方面。通过这一交易平台，可实现规划许可的集体土地使用权交易，经营权通过交易流转到农业经营者手上，集体经济组织获取地租作为回报。具体方式：一是以"农民注册"的方式实现集体组织成员承包经营权、使用权等权利的交易，但集体组织仍然拥有收益分配权以及其他的非政治权利，职业农民则拥有对应的土地承包经营权、使用权等权利；二是以"土地入股"的方式与集体组织合作进行土地经营，并按约定比例进行利润分红或承担亏损。

（三）公平合理的分配机制

现代农村集体经济不断壮大，其数量和规模都呈现上升的趋势。对现代农村集体经济组织而言，分配制度既是提高农民收入的有效途径，也是提高农民积极性的重要手段，更是实现现代农村集体经济稳步发展的关键因素。因此，在推动现代农村集体经济发展的过程中，应在制度模式上进行创新，兼顾效率与公平。对此，可从以下层面着手来开展工作。

首先，分配制度要建立在产权关系清晰的基础上。因此，要保护好集体经济资产，防止资产流失。应通过立法确定农村集体经济成员身份，加快成员身份信息的确认，以此为基础制订分配标准。

其次，建立健全分配体系。一是遵循"公平、公开、合法、合理"的分配原则，确保集体经济成员拥有平等的分配集体经济收入的机会；二是强调分配体系多层次、多元化发展，让农民拥有更多的财产权。

最后，为吸引更多人才积极主动投入现代农村集体经济建设，应采取薪酬激励的方法，将固定薪资和年薪、奖金等结合在一起，逐步完善薪酬体系。与此同时，还应进行股权激励，根据岗位特征设置贡献股，这样在留住优秀人才的同时，还能避免道德风险。此外，福利激励、荣誉激励也是有效的激励方式，可以使激励体系更加多样化、更加全面。以农村社区股份合作社为例，在配置个人股的过程中，应该进一步细分为：人口股（部分地区称作"户籍股"），以是否属于本集体成员为标准来进行平均量化处理；贡献股（部分地区称作"劳龄股"）则主要以成员对集体所做贡献为依据。这样的分配制度实现了公平与效率的兼顾。

除此之外，现代农民专业合作社在确定管理人员的收益时，既要考虑经营效果和管理水平，也要考虑服务绩效。具有一定实力的农村集体经济企业集团，应针对管理人员专门设定年薪制，甚至给予股份。毋庸置疑，对现代农村集体经济而言，合理的分配制度对成员能发挥积极的激励作用，同时有利于实现集体财产的保值增值。

第四节　现代农村集体经济发展机制的实施路径

现代农村集体经济的发展是乡村振兴战略背景下实现农村经济振兴的重要抓手，现代农村集体经济发展机制的创新和完善需要在人才、金融、文化等方面提供保障。

一、加强农村实用型人才建设

人才资源是第一资源，农业农村人才是强农的根本，是我国人才队伍的重要组成部分。农村实用型人才是现代农村集体经济发展的主体和智力支撑，只有人才的高效回归才能真正激活农村集体经济的发展动力。因此，在我国现代农村集体经济发展机制建设的过程中也必须高度重视农村人才建设。其中，农村实用型人才主要包括生产型人才、经营型人才、技能带动型人才、技能服务型人才和社会服务型人才。

第一，加大力度鼓励农民工返乡创业就业。加强政策扶持，深入落实《关于支持农民工等人员返乡创业的意见》和《关于进一步推进支持农民工等人员返乡下乡创业的意见》等鼓励农民工返乡创业的相关政策，利用多种优惠政策鼓励农民工返乡创业就业。基层组织需要加强对农民工的了解，分析他们的情况，多牵线搭桥、引进项目，帮助他们找到适合的创业项目和创业方式，利用"公司＋合作社＋农户"的模式，为农民工参与集体经济发展提供制度空间和改革空间。营造宽松的创业环境，设立专门的返乡创业服务窗口，提供一站式服务；加强对有培训意愿的返乡创业人员提供免费的就业创业培训服务。

第二，用好现代农村实用型人才，为他们提供发挥才能的平台和机会。加大农村实用人才的培育和发掘。一方面，培养有知识、有能力的农村种养专家、加工能手、农村职业经纪人以及科技带头人等，并使之成为农村发展的"火车头"。另一方面，深入发掘"田秀才""土专家"等各种乡村能人，推动现代农村实现内生性人才成长；建立并完善职业农民培育相关配套政策体系，深入落实新型职业农民培育工作。完善创新培训机制，支持农民专业合作社、专业技术协会、龙头企业等主体承担培训工作，加快壮大农村内生性人才队伍，实现现代农村经济社会的全面发展。给予现代农村实用人才充分的尊重。对现代农村实用人才最大的尊重，是尽可能让他们能学有所展、学以致用，为现代农村实用人才提供完善的服务。农村实用人才在参与实际工作的过程中，需要基层党组织的支持。因此，农村基层党组织领导干部要主动到群众中去，及时了解群众生产经营的动态，及时发现问题，帮助群众解决土地流转、资源利用、融资、销售等环节存在的问题，为他们的工作提供完善的服务。

第三，大胆尝试多样化现代农村人才队伍培养。深入落实现代农村集体经济组织经营管理人才队伍建设工作，需要培养一批既熟悉市场运行规则，又具备专业经营管理能力的人才队伍，激发现代农村集体经济发展的动力和活力。因此，可以加强基层组织与高校合作，培养大量具有种植技术、生产技术、经营能力和管理能力的高技能人才，并由相应的农村基层组织承担相关人才的学习成本，这些专业人才则以返村工作作为回报，实现互利共赢。

第四，不断提高乡村人才素质，设法留住人才。首先，加快推进现代农业科技体制机制改革，强化现代农业科研队伍和基层服务队伍建设；其次，鼓励青年干部到基层锻炼，通过"特岗计划"等方式鼓励优秀干部担任农村领导职务，提升干部人才的能力素质；最后，以发展壮大龙头企业、加快培育新型农业经营主体等为手段，促进乡村产业发展，增加就业岗位，从而留住人才，壮大乡村振兴的生产经营者队伍。

二、推进土地科学体系建设

（一）激发现代集体经济发展的内生动力

1. 确保实现公平公正

严格遵守与土地、物权有关的法律规定，如《中华人民共和国土地登记办法》《中华人民共和国物权法》等。在承包经营土地的过程中，确保农村集体经济组织的成员享有平等的权利，不受性别、年龄等因素的限制。尤其是第二轮土地承包经营，由于受到多种因素的影响，极易出现分配不均的现象。因此，应在法律制度规定的范围内，坚持公平公正的基本原则，通过召开村民代表大会、村民大会等方式，广泛听取民众意见，并采取妥善的方式进行处理。

2. 确保政策落实到位

坚定不移地贯彻落实中央政策文件，并结合地方发展实际，发布实施管理办法。对于进城务工、居住的农民，允许他们继续享有土地承包经营权。对于继承荒地、耕地所获得的承包经营权，集体成员可以采取有偿的方式将该经营权转让出去。现代农村集体经济组织应对土地承包经营权的流转现象加强管理，对新增成员需进行登记，保证耕地的最大化利用，避免出现耕地非粮化的现象。

（二）现代农村集体建设用地产权有效实现形式的构建

我国基本经济制度坚持以公有制为主体、多种所有制经济共同发展，现代农村集体经济是公有制经济的重要组成部分。现代农村集体经济对农村经济、社会发展起到推动作用，有利于维护农村稳定，其制度价值非常重要。所以，尽快建立健全农村集体所有制，特别是健全农村土地集体所有制，不仅能保障农民集体的权益,还会为现代农村集体经济的快速、平稳发展打下扎实的根基,同时对农村经济社会起到稳固作用。

建立健全现代农村土地集体所有制,可从以下两个方面着手:一是进一步发展现代农村集体土地所有权,将集体建设用地的流转范围进一步扩大,对农民集体土地发展权给予充分的尊重;二是从法律层面确定现代农村集体经济组织的地位,建立现代农村集体经济组织发展机制,确保农村社区自治组织和集体经济组织二者实现职能分离。

按照我国现有法律和相关政策,农村土地在流转至城市的过程中会受到制约,现代农村集体经济组织不能将农村建设用地使用权自行出让给城镇建设用地使用者。只有采取政府征收的方式,将农村土地变成国有土地,再通过出让国有建设用地使用权的方式,才能将农村土地流转至城市。这样一来,城市建设用地的一级市场就完全由政府垄断。这种方式对城市建设用地规模起到了良好的控制效果,不仅杜绝了建设用地浪费的现象,对城市建设用地实现了高效利用,还对农业用地的非农用途产生了限制,确保了国家粮食安全,并有利于维护社会公共安全。此外,征收农村土地时,政府只需要将较低的补偿发放给农民,但是在出让建设用地使用权的过程中,由于土地增值,政府可以从中获得高额收益。因此,政府就将农村土地征收转变为增加财政收入的主要手段之一。在地方政府的财政收入中,国有建设用地使用权的出让金占据较大的比例,有些地方政府则完全依赖出让金来增加财政收入。这样一来,城市建设用地在短时间内呈现出无序扩张的发展趋势,对城市建设用地的使用极为不利。此外,在征收农村集体土地的过程中,政府只为农民提供较低的补偿,农民的利益受到侵害。伴随着城市化进程的不断推进,土地增值巨大,但农民并未充分享受这一"红利",这对现代农村经济社会的发展非常不利。可以明确的是,如果不对农村土地制度进行改革,"土地城市化"的现象无法得到缓解。

对我国已有的现代农村土地制度进行分析,不难发现,现代农村集体土地所有权并不完整,农村土地由于缺乏流通性,会出现权能缺失的现象。当农村土地作为非农用地使用时，农民集体并未享受到土地增值的收益，这不仅使农民贫困问题得不到解决，农民生活条件也无法得到改善，从而限制了农村经济发展。所以，应进一步完善现代农村集体土地所有权，让广大农民的权利得到应有的保护，使农村集体建设用地在制度许可的范围内依法进行流转。建设用地市场应尽快实现城乡统一，在满足用途管制、规划的条件下，现代农村集体经营性建设用地可以采取适当的方式进行出让、入股和租赁，和国有土地实现同权同价、同等入市。在土地增值收益分配方面，应综合考虑个人、集体和国家利益，适当增加个人收益，推动农村土地制度的改革和完善。如果以用途为依据，则可以将农村土地划分为四种类别，分别是经营性建设用地、宅基地、农业用地和公共公益设施用地。从全球范围来看，我国堪称对土地用途管制最严的国家，无论是农业用地的非农使用，还是其土地流转，审批制度都非常严格，这为公共安全、粮食安全提供了保障。此外，公共公益设施用地、宅基地等保障了农民的居住权，对农村居住环境起到良好的改善作用，因此，这些类型的土地流转受到的限制非常严格。应对现代农村土地流转制度进行改革，因为限制所有权的唯一理由是公共利益的需要。所以，制度改革的重点是准确界定现代集体经营性建设用地的范围，不断推进新型城镇化发展。在这个过程中，应以符合城镇规划和农用地转用审批条件为基础，针对城镇建设对农民集体所有的农业用地提出的需求，合理设计土地流转程序，保护农民权益不受侵害。

现代农村集体经营性建设用地除了包括已有的乡镇企业用地，还包括农村地区不宜用于农业生产的未利用土地。在推进新农村、新型城镇化建设的过程中，应当加强对农村居民点的节余宅基地、公共公益设施用地等的管理，纳入集体经营性建设用地范围，在满足用途管制、规划的条件下，可以按照适当的方式将其流转至城镇。显然，对于城市远郊农村而言，由于节余建设用地未被划入城镇建设范围，可进行整理并复垦。在确保城乡建设用地总量平衡的基础上，根据安排发放新增建设用地指标。新增城镇建设用地既可由政府收储，也可采取公开的方式进行转让。基于此，重庆采取"地票交易"的方式来划分新增城市建设用地指标，便于进行市场化交易。购买"地票"之后，其持有者为了得到城市新增建设用地，应将征地申请提交至政府部门，在参与征收土地"招拍挂"竞价的过程中，并不会享有优先权。经过激烈的竞争，如果"地票"持有者得到新增建设用地的使用权，就可以按照"地票"购买的价款来冲抵新增建设用地的土地复垦费和有偿使用费；反之，如果在竞争中失利，政府就会按照原价对"地票"进行回购。对开发商而言，这种方式的吸引力不够，应该加以改进，不断优化。在推动新型城镇化建设的过程中，面对城镇建设的需求，在城镇规划、农用地转用审批手续齐全的情况下，现代农村集体经济组织可采取公开方式购买城市新增建设用地指标，即购得"地票"，由此将农业用地转变为经营性建设用地，在获得许可的条件下，实行市场化流转。这样一来，农村土地的征收范围进一步缩小，广大农民的基本权益得到维护，进城农民也享有相应的资产权益。

值得注意的是，在流转集体经营性建设用地的过程中，农民集体经济组织应享有大部分相应的土地增值收益，地方政府只能依法获得基础设施建设费用和税收。农村集体经营性建设用地流转至城镇后，新增城镇建设用地的所有权性质无须转变为国有，仍然属于集体所有，应按照国有建设用地使用权的相关规定，将用途不同的土地所有权使用年限确定下来。在新型城镇化建设的过程中，针对集体经营性建设用地流转这一事项，政府部门的首要任务是制订土地利用规划和城镇建设规划，严格按照农用地转用的程序来进行审批，并提供相应的交易平台，严格按照土地权属关系进行登记，完善服务工作，保证集体经营性建设用地严格按照相关程序流转至城镇。

随着新型城镇化在纵向层面的深化和发展，通过流转集体经营性建设土地所得到的收益已经成为农村集体经济组织财政收入的主要来源，特别是在一些经济相对发达的地方，农村实现城镇化之后，原来的农村集体经济组织成员逐步市民化，其财产的唯一来源就是集体经营性建设用地及其流转所带来的收益。为了更好地管理集体土地资产和其他资产，切实维护集体和成员的权益，政府部门应逐步完善集体经济组织治理结构，建立健全现代集体经济组织发展机制。为鼓励集体经济组织成员积极主动参与管理集体经济组织和制订决策，应针对集体行动制订选择性激励措施，按照量化处理的方式对集体经济组织成员的收益进行分配。实践中，已有很多地方采取股份量化的方式来管理集体资产，从实质上来看，这只是将现代集体资产进行了私有化处理，并不是最佳的处理方式。不得不承认，私有制产权结构非常清晰，但无法保障社会权益，也不能体现社会公平性，而且还与集体所有制产生了冲突。对现代集体所有制而言，每一位集体经济组织成员平等享有管理集体经济组织的权利，如共同制订决策，共同享有集体资产，无须进行份额划分。当集体资产产生收益时，在分配过程中，为了明晰产权，可为集体经济组织成员提供选择性激励，对收益实施量化处理，并具体落实到每位集体经济组织成员身上。所以，集体资产量化处理的对象是收益权，并不会对集体资产自身进行量化处理。以"股份"的方式进行量化，带有象征性意义，是计量收益权的一种有效工具。现代集体经济组织成员以"收益权股份"为依据，享有平等参与管理集体经济组织的权利，具体而言，在分配表决权时，严格遵照"一人一票"的模式，充分展现民主性、合作性和公平性。

在现代集体经济组织内部，不同成员通过分配得到"股份"，这是现代集体经济组织成员特定身份的象征，既不能用于转让，也无法继承。现阶段，各地采取股份制量化的方式来处理农村集体资产，股份允许继承。这种方式极为不妥，会导致不公正、不公平的现象出现。无论是集体资产的"股份"，还是收益权，两者均属于集体福利，只要是集体组织的一员，就享有该项福利，但如果集体经济组织成员完全丧失资格，则无法享受该项福利。因此，当现代集体经济组织成员不再具备成员资格时，享有的股份应划归集体；如果集体经济组织出现新增成员，应从集体中分得相应股份。因此，集体经济组织成员的股份份额会随人员的流入流出而发生变化，这不利于红利的分配。针对这一现象，可以在成员中设置"集体股（地）"，由社区自治组织管理。这样一来，集体经济组织中成员的流动所带来的股份变动均可以从集体股（地）中解决，从而避免个人股份的变动。集体股（地）可由社区自治管理，不对应投票权份额，其收益除用于支付社区公共服务费用外均归集体所有，并按股份份额分配。

为了更好地明确现代集体经济组织的法律地位，保护集体成员和集体经济组织的权益，应专门制订"集体经济组织法"，让现代集体经济组织具备法人地位，并将组织形式、治理架构和职能职责等确定下来。和企业相比，现代集体经济组织最大的特点在于其在经营集体土地资产的过程中，更多的是让每一位集体成员享有在公共服务和社会保障方面的权利，而不是仅仅考虑是否盈利。计划经济时期，农村集体经济组织通过土地实物来保障农民的社会权益。市场经济时期，集体经济组织则通过土地资产这一价值形态来充分保障集体经济组织成员的社会权益，国家以立法的形式来规范集体经济组织在土地流转过程中获得的收益，依法将收益分配给集体经济组织成员，并减免所得税。除此之外，立法还有利于建立健全现代集体经济组织的内部监控机制，更好地约束经营者和管理者，避免出现代理人短期化问题，防止对集体利益的侵害。

现阶段，我国现代农村已经有很多地方分别设立村民委员会和集体经济组织，但二者的职能并未完全分离，有些农村地区的村民委员会成员同时也是集体经济组织的管理者。作为村民自治组织，村民委员会除了负责全村的公益事业，还要处理公共事务，但现代集体经济组织的主要职能是对村集体财产进行管理。从职能上看，集体经济组织和村民委员会之间的差异非常明显。在新型城镇快速发展的过程中，集体建设用地的流转速度更快，流动人口在短时间内快速增长，集体、非集体经济组织成员混合居住，已经成为一种极为常见的现象。非集体经济组织成员具有参与管理社区公共事务的权利，如选举权、被选举权，但无法参与集体经济组织的管理，也不能参与决策。所以，伴随着新型城镇面貌的日新月异，社区自治组织与集体经济组织的职能逐步实现分离。其中，现代集体经济组织比较封闭，而社区自治组织则相对开放，非集体经济组织成员可参与社区自治组织，负责管理社区公共事务，但并不具备集体经济组织成员的权利，也无法享受集体经济组织成员的待遇。对社区自治组织而言，在管理社区公共事务的过程中，其经费主要源自集体经济组织"集体股（地）"收益权的分配收益。

三、加快金融支持体系建设

（一）拓宽广大农民增收致富渠道

1. 推动集体资产股权化改革试点工作

可借鉴上海所取得的经验，对现代农村集体资产股权化改革进行试点。在划分股权的过程中，应明确指出每一位集体成员都享有集体经营性资产，并以所作出的贡献大小为依据对集体经营性资产股权进行划分。当然，现代村集体经济组织可采取共同决策的方法将部分股权保留下来。对现代农村集体股权而言，可通过不同形式获得经营增值，如股权合作、参股、出租等，所得到的收益归集体经济组织成员，可用于集体公益事业，或将之以股利形式分配给集体经济组织成员。可以按照有偿的方式退出股权，提倡采用担保、抵押、继承等不同实现形式退出。可通过开展试点工作积累经验，对已有制度进行调整和改进，实现股权化改革，并在各地区进行推广。

2. 在集体股权的基础上成立股份合作经济组织

为大力支持"村两委"发展，应充分考虑广大农民的意愿，成立现代股份合作经济组织，其中既有集体成员股权，也有集体组织股权。同时，应遵循先试先行的基本原则，在成立股份合作经济组织时，合作社的法人可登记为农民。在现代集体股权的基础上成立股份合作经济组织，将现代集体经济的发展模式变为合作经济组织模式，为现代集体经济的持续发展和规模壮大奠定基础。

（二）创新现代农村集体经济发展

1. 借助外力，摸索出促进现代农村集体资产增值的新途径

面对新形势，在推动现代农村集体经济快速发展的过程中，应始终秉承共享、开放的基本理念，充分结合自身地理优势和资源禀赋，引入外来资本、工业资本，达到互利共赢、共同发展的效果。现代农村集体经济发展的物质基础可细分为三类资产：第一类是资源性资产，如农民集体所有的草原、森林和滩涂等；第二类是经营性资产，如由集体牵头成立的企业、农业基础设施和建筑物等；第三类是

非经营性资产，如体育、文化和卫生等。

现阶段，存在一个非常明显的问题，即多种因素限制了现代农村集体资产的资本化，导致不能和现代化市场体系充分结合，进而变为低质量资产，利用成本明显增加。就资产价值而言，土地资产具有较高的利用价值，增值空间非常明显。在当前的窗口期，构建现代农业经营体系，在农业土地流转的过程中让现代农村集体充分发挥主导作用，在盘活资产的同时实现资本增值，已经势在必行。此外，村集体在与现代农业企业针对土地流转达成一致的基础上，监督企业运营情况，并对土地承包经营权每年获得的收益进行分配。

事实上，现代农村集体主要通过以下途径获得收益：其一，对零散土地进行规模化平整之后，对非耕作土地（如渠道、田边地头等）进行耕作利用，这可使耕地面积在原耕地面积基础上增加10%~20%，并进一步增加村集体资产的收益；其二，出售、出租（道路、池塘等）公共基础设施，入股新企业，获得资本收益；其三，代表村民与农业经营企业进行谈判，争取让经营企业在工人招聘过程中优先考虑农民，同时为村民争取更多的权益，也在一定程度上增加村集体的中介收入。

2. 实现产业融合，探索现代农村集体经济发展的新业态

只有在克服单一化农业发展瓶颈的前提下，将第一产业、第二产业、第三产业融合起来，才能不断发展现代农村集体经济，探索更多增加经营性收入的源头。村级组织应将自身资源优势充分利用起来，并结合当地实情，摸索不同产业和现代集体经济融合发展的新业态。如果村庄具备滩涂、林地和土地等优势，则可在现代集体经济组织的主导下，以合理、有序的方式将农民组织起来，推动特色农业、设施农业的快速发展，并进一步创造规模效应。

与此同时，可借助"集体＋生产服务"这一模式，推动生产服务型经济快速发展，以便统一管理村集体，实施有偿服务，创办不同的服务实体，在技术、流通和信息层面为广大农民提供服务，在产前、产中和产后等不同阶段为农民专业合作社提供有偿服务，提高集体经营收入。有些地区已形成发展特色农业的良好基础，为克服农产品难以销售的问题，应充分利用"集体＋电商"的发展模式，

充分借助电商平台，大力推进特色农产品电子商务的发展，将特色农产品聚集在电商平台上进行销售。电商平台的日常运作由现代集体经济组织安排的人员负责，并在交易过程中收取适当费用以支撑村集体经济的发展。

如果村庄具有丰富的旅游资源，可按照"集体＋旅游"的方式进行开发，充分发挥村集体的主导作用，深入挖掘当地特色旅游资源，大力推进观光、体验旅游等。在很多农村地区，留守老人和空巢老人极为常见，为解决这些老人的养老需求，可按照"集体＋养老"的模式对集体用地、闲置校舍进行改造，以便更好地开展养老事业。在城郊结合的地方，可采取"集体＋物业"的模式，推动现代物业经济快速发展。在满足规定的前提下，现代农村集体可以改造闲置下来的旧厂房、办公用房等，通过出租增加存量资产的利用效率，也可通过经营村集体资产获得收益。与此同时，在电子商务快速发展的过程中，将县、镇等地区的物流企业结合起来，将这些地区的公共中心视为节点，在全县、全镇打造物流、销售网络，可在一定程度上帮助企业节省进入农村市场所需的成本。可见，现代农村集体可以借助划分利润、租赁场地等多种形式来增加收益。

3. 再造模式，探究经营现代农村集体企业的新模式

为了实现增加集体经济收入的目标，对现代集体经济的产权制度进行改革已成为当务之急。现代农村集体经济的发展离不开股份制模式。采用这种模式对旅游、森林和土地资源进行整合，可以增加用于现代农村发展的财政资金，包括应急费用、救济金和补贴款等。在此基础上，按照存量资产折股量化的方式对集体资产进行处理，通过土地入股、增量配股等形式实现土地股权化和资产股份化，在盘活资源的同时，可产生资源叠加效应，让各项资源得到充分利用。在这个过程中得到的经营性收入，应在参照股份的基础上，让村民享有相应的待遇，同时，按照事先约定，留存部分可用来支付村级组织的各项费用。

在土地股份合作社完成工商登记之后，按照自由退社、共享利益、共担风险的基本原则，农民可通过土地经营权折资入股的方式加入合作社，在具体事项的决策过程中拥有发表意见的权利，并承担控制者、决策者的重任。土地股份合作

社按照"理事会＋农业职业经理人＋监事会"的模式进行发展。作为社员的代表，理事会是"做什么"的直接决策者，以公开的方式选聘农业职业经理人，在奖罚政策、生产成本、产量等方面达成一致见解，并签订合同。由农业职业经理人负责帮助农民采取科学的方式种田。社员集资负责生产所需费用，由理事会负责统一管理，按期清点公司收入、分配明细。除了监事会的监督，社员也可进行监督。这种模式借助适度规模化的方式，既克服了"谁来经营"的难题，又能通过对农业职业经理人的培养解决"谁来种地"的问题。除此之外，"谁来服务"这一难题可通过建立综合服务体系来解决，为农业产业规模化朝着现代化经营方面发展提供了依据。

第四章　现代农业生产经营

本章从现代农业的概述、现代职业农民的培育、现代农业经营主体、现代农产品质量安全与市场营销、现代农村经济管理中的生产要素管理五个方面对现代农业生产经营进行阐述。

第一节　现代农业的概述

一、现代农业的概念

现代农业是一种先进的农业形态,它基于农业生产能力的性质和状态,并利用现代科学技术、现代工业提供的生产资料和科学管理方法来实现[①]。这种农业是建立在现代科学技术基础上的,注重市场化、专业化和社会化,运用现代市场理念、管理技巧、工业装备与技术。该模式将有机生产、处理和销售相结合,不仅重视生产、生活和生态的协调,还全面考虑了农业、农村、农民的发展,以及农村与城市、农业与工业之间的协同发展。这种农业注重将资源的有效利用与生态环境的保护紧密结合,从而实现可持续发展的目标。

现代农业是一种具有历史渊源的动态概念,不仅仅是抽象的概念,更是农业发展历程中重要的里程碑。

首先,要注重农业生产的可持续性发展,通过科学合理的土地利用和种植方式,保护和改善生态环境,促进资源的节约利用和循环利用,实现农业的生态化、循环化和可持续发展。其次,旨在实现农业生产的专业化、社会化、区域化和企业化,要求农业组织管理现代化。

---

① 中国科学技术协会. 前沿科技热点解读 [M]. 北京:中国科学技术出版社,2021.

现代农业是一种将农业视作商品化和社会化的农业经营方式。该方法借助现代化设备、科学技术和高效管理方式，在国民经济中展现出极为强大的竞争力，是现代产业之一。

现代农业的目标在于保障农产品供应、增加农民收入、促进可持续发展。为了达到这个目标，采取了应用先进的科技和装备的措施，提高了劳动生产率、资源产出率和商品率。该产业体系基于家庭经营模式，同时融合市场机制和政府调控手段，实现农工贸的紧密衔接和产加销一体化。现代农业呈现多种产业形态，构建了富含多种功能的生产体系。

现代农业是一种利用最先进的科技和工业生产资料，采用科学管理方式进行生产的一种社会化农业。该阶段农业主要存在于第二次世界大战之后的经济先进国家和地区。

二、现代农业的特征

（一）较高的综合生产率

现代农业利用现代科技、工业生产资料和科学管理方法等优势，取得了良好的经济效益和市场竞争力，从而实现了高效的综合生产效率。这包括更高的土地产量和劳动生产率。现代农业发展的主要评估标准是这项指标，同时现代农业的综合生产效率也能衡量其发展水平的高低。

（二）可持续发展

在现代农业条件下，农业可以以可持续的方式发展，同时也对区域生态系统产生积极影响。利用生态农业、有机农业、绿色农业等的技术与模式，充分利用农业资源，如淡水和土地，实现可持续利用，构建可循环的区域生态系统，使农业处于一个良好的可循环生态系统状态。

（三）高度商业化

当今现代农业产业的目的在于满足市场需求，其商品化程度较高，资源调配主要借助于市场机制。在商业化的过程中，必须依托市场经济的环境，而现代化的农业需要建立一套完善的市场体系，包括高效的农产品流通渠道。现代化的农业建设需要以完善的市场体系为基础。通常情况下，农业现代化水平较高的国家，其农产品的商品化比率会高达90%以上。

（四）采用先进的科学技术

运用现代农业科技、生物技术和生产模式，提升农产品品质，降低生产成本，以满足市场对高品质、多样化和标准化农产品的不断增长需求。现代农业的进步源于广泛地应用先进科学技术于农业领域，是用现代化技术改良传统农业方式的过程。

（五）采用现代管理方式和经营模式

以先进的管理方式和工具普及到各个领域，包括农业的生产前、生产中和生产后，形成有机的、巧妙的联系和完整的产业链，整个过程高度组织化。现代农业管理体系不仅可以建立可靠高效的农产品销售及加工转化渠道，还能有效组织分散的农民，构建完整的组织体系。

现代农业已经实现了生产规模化、专业化和区域化，以提高农业生产的效率。因此，能够有效地削减公共和外部成本，并且提高农业的效益和竞争优势。

（六）拥有完善的政府支持体系

为了使现代农业得到持续、快速、健康的发展，必须配备相应的政府宏观调控机制，并制订完备的农业支持保护法律体系和政策体系。

（七）应用现代化的物质条件

利用现代化的农业生产手段，高效、集约地利用各种现代生产投入资源，包括水、电力、肥料、农药、良种、农业机械等，以提高农业生产率为目标，以拥有完善的生产条件、基础设施、现代化物质装备为基础，确保良好的生产环境，提高农业生产率。

三、现代农业的要素

（一）用现代物质条件装备农业

现代农业的发展需要依靠完备且先进的物质条件。在实施现代化农业的过程中，提高农业基础设施建设水平和设备水平至关重要。只有加强农业基础设施的建设，不断提高农业的设施装备水平，才能有效突破耕地和淡水短缺的约束，提高资源产出效率；才能大大减轻农业的劳动强度，提高农业劳动生产率；才能提高农业的抗灾减灾能力，实现高产稳产的目标。

（二）用现代科学技术改造农业

科学技术是第一生产力，依靠科学技术实现资源的可持续利用，促进人与自然的和谐发展，日益成为各国共同面对的战略选择，科学技术作为核心竞争力日益成为国家间竞争的焦点。随着社会经济的不断发展，促进农业科技进步，提高农业综合生产能力，提高农业综合效益和竞争力，成为加快推动现代农业建设的重要内容。传统农业由于科技含量普遍较低，生产经营效率低下，综合效益明显不足。因此，必须用现代科学技术改造农业，大力推进农业现代化建设，不断增强农业科技创新能力建设，加强农业重大技术攻关和科研成果转化，着力健全农业技术推广体系，从而有效提高农业产业的科技技术装备水平，为现代农业发展提供强有力的科学技术支撑，为农民增收、农业增效与农村发展创造更为有利的条件。

（三）用现代产业体系提升农业

现代农业产业体系是集食物保障、原料供给、资源开发、生态保护、经济发展、文化传承、市场服务等产业于一体的综合系统，是多层次、复合型的产业体系。

推进现代农业产业化的发展，必须坚持生产、加工、销售一条龙的生产形式，也要注重产前、产中、产后一体化。将现代产业体系引入农业领域，是现代农业发展不可或缺的一部分。在推进农业现代化的发展进程、构建现代农业产业体系时，需要推进农村劳动力转移就业，壮大优势农产品竞争力，培植农产品加工龙头企业，打造农产品优质品牌，等等。同时，还必须进一步完善投入保障机制、公共服务机制、风险防范机制等保障机制建设，不断提高农业的产业化发展水平，为现代农业的产业化发展创造有利条件。

（四）用现代经营方式推进农业

现代经营方式具有市场性、高效性特点，有利于调动农业参与者的积极性与创造性，能大幅提高农业生产资料的运用效率，进而有利于增加农业产业的综合效益。

现代农业的发展需要采用与之匹配的经营方式，集约化、规模化、组织化、社会化是现代农业对经营方式的内在要求。同时，党提出要大力发展农民专业合作和股份合作，培育新型经营主体，建立新型农业经营体系，形成集约化、专业化、组织化和社会化相结合的经营形式。这帮助我国确定了现代农业经营方式的选择。要发展现代农业，就必须采用综合、集约的经营方式，加强对专业大户、家庭农场和专业合作社等新型农业经营主体的培育，促进各种规模化经营和社会化服务的发展。这也是我国现代农业全面发展的必经之路。

（五）用现代发展理念引领农业

发展理念对现代农业产业的发展产生着极为重要的影响，现代农业的发展需要先进的发展理念来引领。一是可持续发展理念。农业发展是关系国计民生的"大问题"，现代农业更代表着农业产业发展的主流方向，需要始终坚持可持续发展理念，积极采用生态农业、有机农业、绿色农业等生产技术和生产模式，尽最大可能实现经济效益、社会效益和生态效益的完美统一。二是工业化发展理念。要实现现代农业的跨越式发展，必须借鉴工业化发展模式，对农业实行"工厂化管理"与"标准化"生产，进一步延长农业的产业链，不断提高农副产品的生产效率与品质，有效增强农业产业的深加工能力，大幅提升农业产业的附加值。三是品牌化发展理念。商品品牌具有显著的品牌效应，是企业无形的宝贵资产。因此，现代农业发展需要牢固树立品牌意识，积极实施农产品商标战略，着力打造知名品牌，积极发展品牌农业、绿色农业。此外，现代农业发展还需要树立集约化发展理念、全局协同发展理念等，以满足适应社会经济现代化的发展需要。

四、现代农业的内在要求

（一）农民务农职业化

农民职业化是指"农民"由一种身份象征向职业标识的转化。其实质是传统农民的终结和职业农民的诞生；职业化的农民将专职从事农业生产，其来源不再受行业限制，既可源自传统农民，也可源自非农产业中有志于从事农业的人。随着农业劳动生产率的提高，农村剩余劳动力将逐渐离开土地和农业，转变为工人和城市非农劳动者，而其余的小部分农民则转化为新型职业农民。通过培训学习与实践，逐步实现农民务农职业化，从而有效地推动我国"四化同步"发展的进程，提高我国农业发展的现代化水平。这是我国农业发展的必然趋势，也是现代农业发展的内在要求。

农民务农职业化可以让职业农民安心钻研农业发展模式，精心选择农业产业，全力做好所从事的农业产业的发展工作，改变现有的农民兼有多种职业，从农不专业，从工无技术，常年处于非农非工、非乡非城的状态。同时，把农村剩余劳动力从农村转移出来，使他们从现在的农民工转变成城镇工人或市民，也可以促使他们安心钻研技术，集中精力开展创业经营。使留在农村的人能集中土地，开展农业的规模化、产业化经营，从而推进"四化同步"建设的顺利进行。

现代农业要求用现代的理念、现代的技术和现代的装备来武装农业，这既需要农业人员的专业知识，也需要农业人员的文化水平，并非传统的农民所能胜任。为此，实行农民务农职业化可以促进真正的农民学习农业知识，参加农业生产、经营的培训学习，激发他们的创业热情。这些经过培训的农民就是职业农民，他们必然是现代农业科技与设备的先行使用者，先进生产经营管理模式的践行者。只有这样的农民才能提高农业产业的生产效率，提升农业产业的产出水平，进而推进我国农业现代化的发展进程。因此，农民务农职业化有利于提高现代农业发展水平。

我国未来农业的发展应当由新型农业经营主体来承担，这些新型农业经营主体表现为农民专业合作社、家庭农场、农业公司、种植和养殖大户。这些新型农业经营主体的组成人员不是传统的普通农民，他们是农民中的精英，他们是具有远见卓识的农民。可以设想，实行农民务农职业化就可以通过市场机制，把热爱农业、研究农业的人员吸引到农业队伍中来；一些不想从事农业生产的农民就可以退出农业，通过另谋出路实现新的就业目标。而留在农业队伍中的人员，为了获得市场竞争优势、为了获得话语权，必然走向联合，从而促进新型农业经营主体的形成。

（二）农业产品品牌化

品牌即商标，通常由文字、标记、符号、图案和颜色等要素组合构成。在传统的农业生产中，人们习惯散装销售自己的产品，根本就不需要商标。随着市场竞争激烈程度的加剧，品牌成了影响产品价格、促进产品销售的重要因素。因此，农业产品品牌化成为现代农业的又一内在要求。

随着现代生产技术与工艺的不断发展，同类企业所生产的产品在品质与性能等方面的差异化程度明显减弱。在激烈竞争的市场条件下，消费者在选择商品时更多关注的是产品的品牌，一个知名品牌往往能够吸引更多消费者的眼球。而且知名商品虽然在使用价值上和普通商品相差无几，价格可能高出许多甚至数倍，但大多数消费者仍然选择知名商品。因此，无论是何种行业、哪种产品，产品品牌是企业极为宝贵的无形资产，其重要性都不可小觑。农业产品实行品牌化，可以给广大消费者留下深刻的印象，可以让更多消费者了解它、认识它、接受它，从而可以有效提高农业产品的知名度，为占据更大的市场份额、获取更丰厚的经济利益创造有利条件，进而促进农业产品品牌效益的实现。

在竞争日趋激烈的现代市场条件下，企业间的竞争其实就是市场份额的争夺，而商品品牌的知名程度正是决定产品市场份额的关键。农业产品品牌知名度越高，将意味着产品的市场竞争力越强，就越能赢得更大的市场份额。反之，一个没有品牌的产品，往往进不了超市或高档的市场，只能屈就农贸市场、街头巷尾，无论品质多好，都只是一种大路货。因此，农业产品必须走品牌化的道路。要打造知名品牌，必须生产出优质的产品。农产品品牌的打造是一项长期工程，不但需要提高农业生产者的生产经营理念，而且需要优质的品种、优良的种植方法、独特的经营模式。同时，知名品牌的打造需要时间，只有长期的市场宣传、消费者评价，才有可能打造出知名品牌。

随着现代农业的发展，新型农业经营主体得到快速发展，国家投资在农业上的各种项目经费、补贴经费也每年递增。当然，要想获得这些经费也不容易，农业企业为获取项目经费，竞争的激烈程度日趋加剧。谁拥有"响当当"的知名品牌，谁就具有强大的影响力，谁就有可能获得国家的扶持，谁就有可能获得发展的先机，谁就可能在激烈的市场竞争中发展壮大起来。因此，农业企业的品牌化建设有利于提升企业的整体社会影响力，有利于增强企业的市场竞争力，从而为企业获取市场发展先机提供有力支持。

（三）农业经营集约化

集约化经营是指经营者通过经营要素质量的提高、要素含量的增加、要素投入的集中以及要素组合方式的调整来增进效益的经营方式。集约是相对粗放而言的，集约化经营的中心理念是对所有的经营要素进行重组，以便以最小的成本获得最大的投资回报，使效益成为根本关注点。农业集约化经营是指采用现代化技术手段，在土地资源有限的情况下，通过投入更多的生产资料和劳动力，实现高效、精细的农业生产经营方式。由粗放经营向集约经营转变，是农业生产发展的客观规律，是我国现代农业发展的内在要求。

我国农业仍然实行的是以家庭分散经营为主的经营方式，这种经营方式有利于调动经营者的积极性，但同时也表现出一定的局限性。一是由于经营规模有限，难以获取规模经济与规模效益；二是由于农业经济效率低下，大量农村青壮年外出务工，农村土地主要由妇女、老年人耕作，经营较为粗放，甚至"撂荒"现象不断。再过几十年，这些人再无体力种地，而青壮年外出务工，"今后谁来种地"成为一种严峻的现实问题。中央高度关注和重视这一问题，并采取一系列举措培养新型农民，不断提高农业的集约化经营水平，以提高我国的农业经营水平，满足现代农业的发展要求，确保我国农业的持续快速健康发展。特别是通过培育新型农业经营主体，加大土地流转的力度，提高农业集约化经营程度，实现农业持续发展。

农业的产业化发展需要以农业的集约化经营为基础，需要以确定的市场供求信息为指向，否则农业产业化将难以发展。我国已经多年致力于发展农业产业化，但由于农业集约化经营水平落后，严重影响了农业产业化的发展势头。自给自足的小农经营模式，由于经营规模有限、经营管理粗放，已经无法与市场进行对接，无法满足日益多样化与个性化的市场需求，无法在激烈的竞争中获得优势。因此，现代农业必须走集约经营的道路。我国农业发展处于市场经济的大环境中，必须适应市场经济发展的要求，而市场经济就是竞争经济，竞争就必须具备优势才能取胜。集约经营正是农业获得优势的重要途径。因此，加速农业产业化的发展就是加速土地流转的进程，才能实施农业集约化经营，以便为农业产业化奠定坚实基础。

现代农业是一项复杂的系统工程，由诸多要素所构成，最基本的要素至少包括现代物质条件装备、现代科技、现代经营形式、新型农民、机械化、信息化等。在这些要素中，最核心的要素有两点：一是必须具备现代农业的经营方式，即农业的集约化经营；二是必须拥有现代农业发展的主体，即既有知识技术又懂经营管理的现代职业农民。只有在集约经营条件下，现代农业的诸多构成要素才能整合在一起，发挥出综合性的作用。也就是说农业集约化经营为这些要素的运用提供空间和载体，倘若没有农业的集约化经营，就没有新型农民的成长空间，现代物资装备、现代科技就无法使用，现代发展理念、现代经营形式就无法引入，土地产出率、资源利用率、劳动生产率、农业的效益和竞争力等因素的发展就无法实现。因此，农业集约化经营是推进我国现代农业发展的客观需要和内在要求。

五、现代农业的常见类型

（一）有机生态农业

生态农业是按照生态学原理和经济学原理，运用现代科学技术成果和现代管理手段，以及传统农业的有效经验建立起来的，能获得较高的经济效益、生态效益和社会效益的现代化农业。它要求把发展粮食与多种经济作物生产，发展大田种植与林、牧、副、渔业，发展大农业与第二、第三产业结合起来，利用传统农业的精华和现代科技成果，通过人工设计生态工程，协调好发展与环境、资源利用与保护之间的矛盾，形成生态上与经济上两个良性循环，实现经济、生态和社会三大效益的统一。

有机农业是遵循一定的有机农业生产标准，通过可持续发展的农业技术来维持持续稳定的农业生产体系。在生产过程中，有机农业所使用的生物及其产物未经过基因工程处理；同时不使用农药、化肥、生长调节剂、饲料添加剂等化学合成物质；另外有机农业还遵循自然规律和生态学原理，以协调种植业和养殖业的平衡为目标。

（二）绿色环保农业

绿色环保农业，是指以全面、协调、可持续发展为基本原则，以促进农产品数量保障、质量安全、生态安全、资源安全和提高农业综合效益为目标，充分运用先进科学技术、先进工业装备和先进的管理理念，汲取人类农业历史文明成果，遵循循环经济的原理，把标准化贯穿到农业的整个产业链中，实现生产、生态、经济三者协调统一的新型农业发展模式。

绿色环保农业能够灵活运用生态物质循环系统，采用农药安全管理技术、营养物综合管理技术、生物学技术和轮耕技术，致力于推进农业的可持续发展生产，不仅能够保护农业生产环境，而且可以实现经济、社会和生态效益的协调发展。这是推进我国农业现代化发展的重要组成部分。随着世界各国对生态环境保护的日益重视，绿色环保的理念深入人心，绿色环保农业的影响范围大为拓展，绿色环保产业将迎来广阔的发展空间。

（三）观光休闲农业

观光休闲农业是一种以农业和农村为载体的新型生态旅游业，是现代农业的组成部分，不仅具有生产功能，还具有改善生态环境质量的功能以及为人们提供观光、休闲、度假的生活功能。休闲观光农业是利用田园景观、自然生态及环境资源等，通过规划设计和开发利用，结合农林牧渔生产、农业经营活动、农村文化及农家生活，为人们提供休闲，增进居民对农业和农村体验为目的的农业经营形态。观光休闲农业是结合生产、生活与生态三位一体的农业，在经营上表现为产、供、销及休闲旅游服务等产业于一体的农业发展形式。观光休闲农业是区域农业与休闲旅游业有机结合并互生互化的一种促进农村经济发展的新业态。

（四）工厂运作农业

工厂运作农业是指利用现代高科技、新设备和管理方法，全面地应用机械化、自动化技术的农业生产模式，通过高度融合资金、技术和设备，实现农业生产的全面发展。把农业转换成工厂化运作方式是农业设计的先进形式，因为这种方式可以在人工环境下完成整个生产过程，避免了自然因素的限制。工厂运作农业依托强大的生产技术与设备，在人工创造的环境中实行工厂化生产，可以在很大程度上减少对自然环境的依赖程度，有利于大幅提高农业生产效率，成为现代农业的又一重要类型。

（五）立体循环农业

立体循环农业是指利用生物间的相互关系，兴利避害，为了充分利用空间，把不同生物种群组合起来，多物种共存、多层次配置、多级物质能量循环利用的立体种植、立体养殖或立体种养的农业经营模式。

立体循环农业是现代农业的重要类型，立体循环农业充分利用光、热、水、肥、气等资源和各种农作物在生育过程中的时间差和空间差，在地面地下、水面水下、空中以及前方后方同时或交互进行生产，通过合理组装，粗细配套，组成各种类型的多功能、多层次、多途径的高产优质生产系统，从而尽可能地获得农业生产的最大综合效益。开发立体循环农业意义重大，不仅能够节约资源、节约空间，而且能够达到集约经营的效果，因此，已经成为我国现代农业发展的重要类型。

（六）订单生产农业

订单生产农业是指根据农产品订购合同，协议进行农业生产，也叫合同农业或契约农业。订单生产农业是现代农业的又一重要发展类型，具有强烈的市场性、严格的契约性、成果的预期性和违约的风险性。签约的签署对象包含了企业或中介组织，如经纪人、运销户，以及农民或代表农民群体的成员。合同规定了订单内容，包括农产品收购数量、质量和最低保护价，签约双方有相应的权利、责任和限制，任何一方不得单方面毁约。但由于农业受自然环境影响较大，具有生产结果的不确定性，从而又带来产品市场的不确定性，因此，遭受违约的风险性很大。

同时，随着市场经济的持续发展以及市场竞争的不断加剧，对增强农民竞争力和促进农民增收仍然具有一定作用。订单农业可以从一定程度上为农民生产解除后顾之忧，也有利于减少农民生产的盲目性。但同时也要看到，我国的法制建设尚不完善，人们守法的意识和观念还不强，特别是在遇到严重自然灾害或巨大市场波动时，违约事件也时有发生。因此，订单农业既具有保险的一面，也具有一定的风险性，需要客观对待。

六、现代农业发展的必要性

现代农业与传统农业相对，主要标志是广泛应用现代科学技术，普遍使用现代生产工具和全面实行现代经营管理。改革开放几十年来，我国的农业发生了巨大的变化，取得了明显的进展。但我国农业仍处于传统农业向现代农业的过渡阶段，推进现代农业建设任务繁重。转变农业生产经营方式、推进农业生产经营现代化，成为化解我国"三农"难题的重要途径。同时，现代农业依托现代先进技术与设备，实行集约化、规模化和产业化生产经营，发展现代农业成为转变农业生产经营方式的客观需要。

要想在日益激烈的市场竞争中持续发展壮大，必须全面提升农业的综合发展能力，为持续健康发展目标的实现提供有力的硬实力。科技装备能力、综合生产能力与市场适应能力等构成了农业综合发展能力的主要内容，而现代农业凭借先进的农业技术装备、先进的发展理念以及高素质的新型农民，可以全面提高农业综合发展能力，推动农业不断向前发展。

随着开放程度的不断加深，我国农产品已经完全融入国际市场，面临的竞争越来越激烈。为了有效应对国际农产品市场上的诸多挑战，并占据更为积极主动的国际市场位置，需要在农产品价格、品质等方面进行重点突破。而现代农业实行规模化、集约化和产业化生产，有利于降低生产经营成本，提高农产品国际竞争力。

国际市场的竞争既包括农产品品质的竞争，也包括农产品价格的竞争。获取市场价格优势成为农产品出口获取更大市场份额的重要突破口。因此，提高农业生产经营效率、控制农业生产经营成本成为获取国际市场价格优势的重要途径，也是赢得国际农产品市场的重要手段。现代农业运用先进的农业科技与设备，采用规模化、机械化、专业化等高效生产经营模式，有利于提高农业生产效率，控制或降低农业生产成本，有利于获得规模经济效益，有利于获得国际市场的竞争优势。

发展现代农业是提高农产品国际品质优势的需要，随着国际贸易竞争的加剧，农产品国际贸易的门槛要求越来越高，这为我国农业产业的发展提出了新的更高要求与挑战。而农产品品质的提高，关键在于科学生产经营方式的运用和先进技术设备的采用。发展现代农业，有利于促进生产经营方式的转变，有利于先进技术设备的广泛应用，从而有利于提高农产品品质，为我国农业产业获得更大的国际市场份额、实现全球化战略提供支撑。因此，发展现代农业是提高农产品品质的重要途径，也是我国农业产业更好地走向世界的关键性举措。

第二节　现代职业农民的培育

一、现代职业农民培育的必要性

科技和人才是实现现代农业发展的关键，因此必须培养具备科技素质、职业技能和经营能力的现代职业农民，这是发展现代农业的基础。随着我国经济的飞速增长，越来越多的地区正在实现工业化和城镇化，越来越多接受过良好教育的农村青壮年劳动力正逐渐从农业生产转向第二、第三产业。农村劳动力老龄化和素质低下的趋势日益显著，妇女和老人成为务农的主力军。此外，农业兼业化问题也在一些地区加剧了农村空心化现象的出现。这些问题已经对我国的农业基础稳定和国家粮食安全构成了威胁。现代农业发展的一个最大挑战就是解决"谁来种地"的问题，为了加速现代职业农民的培育，需要借鉴国外的成功经验。随着城镇化的加速，农业现代化不可避免地成为农民分业化的趋势。若要将我国农业实现现代化的进程从初步阶段推进至基本阶段，必须培养现代化的职业农民，这也是不可或缺的基础和必要条件。

（一）推进农业现代化的必然要求

中央强调，积极应对我国农村劳动力结构转型的新趋势，并关注现代农业发展的新形势，努力培养现代职业农民，这不仅是对农民教育培训工作的新要求，还是中央全面推进"四化"同步发展并科学掌握现代农业发展规律的一项重要安排。

我国农业经过多年的改革和发展已经迈入一个崭新的阶段，正处在推动传统农业改造、开拓独具中国特色的农业现代化之路的重要时期。现代农业以专业化分工、社会合作和商品化生产为基础，在市场经济的背景下实现集约化生产和规模化经营，并因此取得了高效益。现代农业的发展需要高素质的职业农民，这可以通过培训和教育来实现。农民能够转变为新型经营主体，具备现代市场经济的意识、科学文化知识和经营管理能力。自改革开放以来，我国一直致力于深入推进农民教育培训工作，并不断更新培训内容。从最初的普及农民知识，到提升农民专业技能，再到打造现代职业农民，这些措施都是为了更好地满足不同发展阶段农业农村的需求。

现阶段，我国现代农业的发展面临多方面的挑战和压力，其中包括满足不断增长的粮食需求、应对不断上升的农业生产成本挑战，以及面临土地、水等农业生产资源的限制。在农业领域，越来越多的现代化科学技术、高性能农业设备和现代化经营管理理念被广泛应用。因此，我们需要加强农业发展方式的改革，注重科技进步和劳动者素质的提高，以推进农业的转型升级。在农业生产中，劳动者是最关键的要素，他们扮演着主导角色。那些接受了职业化培训的农民具备非常突出的科学文化素养、高级种植养殖技能以及经营管理方面的优势，因此能够更加容易地去接受新的农业品种和技术，从而能够在农村地区快速地推广应用这些最新的农业技术。现代职业农民是推动现代农业建设、实现社会主义新农村建设的重要力量。

（二）解决将来"谁来种地"的问题

随着城镇化、工业化的不断推进，农村青壮年农民持续大量流出，大量的农村劳动力转移到二、三产业，在家务农的基本上是中老年人，致使农村土地发生抛荒现象，农业劳动力出现危机。由于务农农民普遍受教育程度较低且科技意识和科技素养不足，因此一些先进的农业科技应用受到了限制。随着时间的推移，农业生产将面临越来越严重的人才短缺问题，对现代职业农民的需求变得更加紧迫。农业劳动力接班人短缺的问题越来越普遍，这已经成为制约农业可持续健康发展的一个重要难题。在这种情况下，需要培育现代职业农民，从而发展现代农业。

（三）推进农业产业化发展的基础保障

现代农业需要大量的投资和技术，其目标是满足市场需求和实现经济效益；其核心是主导各产业和产品，并优化生产要素的组合。为实现专业化生产、规模化建设、系列化加工、社会化服务以及企业化管理，现代农业构建了一体化的种养加、产供销、贸工农、农工商、农科教经营体系。

农业产业化的核心理念在于以专业化和协作化为手段，以提升农业生产效率为目的。这需要将高新技术引入农业生产领域，以促进生产力的实现。随着分工变得越来越专业、精细和科学，农业也将朝着专业化、标准化、规模化和集约化方向发展。要推动农业产业发展，必须注重科技创新和提升劳动者素质。这意味着需要掌握并使用先进科学技术，以及培养一支高素质的职业农民队伍来支撑农业产业的增长。农业生产需要充足的资本和科技支持，生产工具已经实现了全面的机械化作业，产品科技水平高。农业产业化推动了农业分工分业的发展，同时也带来了各式各样与农业相关的新兴行业。近年来，在经济发达地区，农民的职业化程度也随之提高。与现代工业需要产业工人一样，现代农业生产经营主体也必须依赖大量职业农民。在农业社会化大生产中，让农民从身份性质转变为职业性质是至关重要的。也就是说，在实现农业产业化的过程中，职业农民是必不可少的因素。

（四）推进"四化"同步发展的重要举措

我国在工业化、城镇化和信息化方面的发展已有明显进展，而农业现代化的进程则相对滞后，因此需要加快推进农业现代化发展。随着工业化和城市化的发展，农村中剩余的劳动力自然而然地转向了职业化的农业生产，从而催生了现代职业农民。

在农业和农村中，农民一直是主体，他们承担着发展现代农业、建设新农村的责任。新农村建设和现代农业发展的成功与否，在很大程度上受到农民文化素质、技术水平和道德素质的影响。我国的农业在新农村建设过程中有着非常重要的使命，需要通过战略性的转型来推动传统农业的现代化。现代农业的特征在于采用先进的经营方式、管理技术及管理手段，以及有效组织产前、产中与产后服务，从而形成完整的产业链条。为了适应现代农业规模化和集约化生产的趋势，从业者需要提升文化素养、技术知识和经营能力。

当前，我国农村劳动力转移规模日益扩大，一些受过良好教育的农民决定使用新型农机具作为主要工具，以从事农事服务为生，包括代耕、代播、代收以及代经营。由于他们能为那些散居在外或外出务工的农民提供服务，因此他们成为获得与非农领域工作同等或更高收入的职业农民。除此之外，农业科技的广泛应用、农业生产效率的普遍提高，使得很多农村富余劳动力逐渐从事二、三产业工作，成为产业工人和城市居民。那些仍从事农业的工作者已经逐渐成为职业农民，他们在生产、加工、运输、销售和休闲观光农业等领域的职责更为明确，实现了岗位职业化和职能专业化。实现工业化、城镇化和农业现代化的同步发展，必须致力于培养高素质、大规模、结构合理的现代职业农民。

二、现代职业农民培育的意义

（一）持续提高农业农村的吸引力

以城乡一体化发展为目标，需要政府调节并促进城乡劳动力要素平等交换配置，以确保农民的就业收入和社会、尊严保障。另外，需要保证那些选择在农村务农的劳动者具备现代职业农民所需的高素质、高技能、经营管理能力。城乡统筹的重点在于协调城乡劳动力资源。我国农村劳动力数量庞大，因此城乡一体化的关键是促使更多农村劳动力融入城市，同时也要考虑允许一部分劳动力选择留在农村从事农业工作，以保持城乡劳动力的平衡与合理配置。对劳动力流动产生影响的因素众多，其中涵盖了劳动报酬、生活条件、社会保障等多个方面。

市场机制决定了高品质劳动力往往会迁移到劳动力价格更高、生存环境更佳、社会保障更全面的地区。提倡发展现代职业农民，需要政府采取有力措施为留在农村的劳动者提供与城市教师、医生等职业同等的待遇，使农业生产工作变得受人尊重，最终消除城乡差距的根源。

因此，问题不在于"谁来种地"，而在于持续提高农业农村的吸引力，这是城乡一体化发展过程中的关键。

（二）持续提高农业的比较效益

为适应现代农业的发展趋势，我们需要对农村的新型生产经营主体进行归类，特别关注适度规模经营的农户，并培养更专业化的职业农民，以确保他们成为现代农业的核心推动力量。现代农业所必需的关键要素包括先进的品种、技术、信息和设备等，但更为重要的是必须拥有高素质的劳动力。为了提升我国农村劳动力的素质需要采取以下措施：政府可向适度规模的农户提供培训和政策支持；要协调农村各方生产经营主体之间的合作关系，使适度规模经营的农户成为其他生产经营主体的重要支持力量，从而在市场上获得更多的收益。为了推广现代农业的发展模式，需要积极培育新型的农业经营主体，如龙头企业和专业合作社等。但需要注意的是，这些新型主体并不能完全替代个体农户的经营，而且他们的发展必须建立在农户经营的基础上。

家庭经营在农业生产中表现出了很高的适应性和优越性，这是因为它可以应对高的劳动力成本和短的生产生活距离等。如果没有规模农户的支持，龙头企业可能不得不采用"非农化"和"非粮化"的方式发展，或者选择粗放的生产方式，并利用土地财务手段来进行资本运作。当前，专业合作社主要以自由的生产合作方式在有限区域内运营。若没有规模农户支持，专业合作社的功能难以发挥。传统农户和兼业农户构成了营销性服务组织的广泛市场，但是这些组织由于遇到了组织困难、营销成本高昂、实现规模效益困难等问题，导致难以有效开展业务。为了促进现代农业的发展，需要培养现代化的职业农民群体，作为新型生产经营主体的基石和核心。培育现代职业农民被视为创建新型生产经营主体的主要措施和首要任务。这是一项长期而基础性的措施，与革新农业经营的体制和机制密切相关。

因此，关键不在于"谁来种地"，而在于通过解放农村生产力、改革经营体制机制、培养新型生产经营核心主体等措施，提高农业的比较效益。

（三）持续提高政策的针对性和有效性

在审议"三农"政策时，应特别聚焦于现代化职业农民，促使他们积极地参与农业和粮食生产活动。我国农村人口众多，分布广泛，整体受教育水平不高。

要让农业技术的推广和农民教育的培训真正有效，需要运用综合手段，包括政策、技术和信息的有机融合，并以示范户和领头人为引导，在实践中解决信息传达的困难；要确保农村土地承包制度始终保持稳定和长期不变，同时大量优质土地被流转到具备种田实力的人身上。政策需要尽快实行到实际务农的农民身上，从政策的引导下着手建设规模化、集约化、产业化的现代农业经营方式，以促进农业的发展。通过对农民群体的分类管理，在政府扶持和教育培训等方面聚焦现代职业农民，使他们能够在现代化农业经营中发挥更大作用，而并不影响传统农户和兼业农户的存在。

三、现代职业农民培育的方法

（一）鼓励农民工返乡

返乡创业的农民工经验丰富、能力强、创新精神强，对农村的经济社会有着巨大的影响，他们逐渐成为推进新农村建设的主要力量之一。农民工返乡创业，能够改变传统农村单一的以种植业为主的经济模式，能够解决当地剩余劳动力的就业问题和"三留守"问题，减轻政府的负担，也有助于农民工本身素质和生活水平的提高。要想有效地对回乡创业的农民工进行支持，需要从以下几个方面入手。

第一，要对他们进行资金上的支持。具体来讲，就是要将当地政府每年的开发资金预算向返乡创业农民工的项目倾斜。同时，积极协调当地金融机构和返乡创业农民工之间的信贷关系，农村商业银行和农村信用社要优先对有资金需求的创业农民工进行支持和帮助。此外，还要鼓励探索民间信贷对返乡农民工创业的支持，通过先富起来的一部分农民工手头的富余资本，带动创业初期农民工的发展。

第二，要制定惠农富农的政策，帮助返乡农民工致富。比如，在各类资格证书的审核上，要减少环节和进行经费的减免；在税收上，要减征或免征创业初期农民工的所得税；在土地、湖泊等自然资源的使用上，要以优惠条件供返乡创业农民工使用。

第三，要给予返乡创业农民工必要的技术支持。政府要积极寻求专业对口的高校、科研机构，定期对创业农民工进行培训和指导，要作为基层创业者与科研机构之间的桥梁，争取科技信息能够落实到创业生产中来。

第四，要为返乡创业农民工提供良好的生产经营条件、营造良好的创业环境，同时，规范创业相关的法律法规，使创业者的切身利益能够得到保护。

第五，完善农村基层的社会化服务网络，建好返乡创业农民工的信息档案，提高养老医疗保险等保障水平。

（二）构建现代职业农民培育制度

推动现代职业农民的培育是一项重要的制度创新，它需要多个政策和制度机制相互配合，以及环境和发展的有力支持。这项工作是复杂的系统工程，需要涉及多个部门和产业。未来，我们需要将它视为基础性和创新性工程，持之以恒地推进，以推动农村改革和现代农业发展。为了实现目标必须采用以下思维模式：将家庭经营作为基础，以保护农民利益为核心，以产业为引领，实现城乡一体化，重点在于制度建设和素质提升；与此同时，必须不断加强政府职能，完善市场机制，营造良好的培育环境；在推动现代职业农民培育制度的建设中，需要全面考虑并兼顾各方面的因素。

1. 大力推进新型城镇化进程

农村劳动力向城镇的有效转移，是建立现代职业农民培训体系的根本前提。在促进城乡一体化发展的过程中，有两个问题需要注意：一是将农业耕地优先分配给有农业种植能力的人，以扩大规模并提高农业的效益；二是需要考虑如何安置农村中被释放出来的劳动力并解决他们的就业问题。在推进新型城镇化的过程中，必须采取各种措施来解决"见物不见人"的城镇化现象。为了使农民工融入城市和城镇，需要采取多种措施，如改革土地征用和户籍制度，加强城镇基础设施和住房保障建设，完善社会保障和投融资管理机制等，旨在解决他们在就业、住房、社会保障和子女教育等方面的难题。为了促进土地流转、规模经营和现代职业农民的发展，需要逐步将农村的留守妇女、老人和儿童转移到城镇，并营造相应的条件。

2. 切实加强农民培育

现代职业农民的重要特征是具备较高的综合素质，为了培养这样的农民，我们需要优先发展教育，使农民培训工作能够常态化。我们应该把"生产经营型"现代职业农民作为核心，注重培养在岗务农农民、获证农民和农业后继者，并根据个人情况，进行分类、层级和分产业的培训和目标规划。针对从事农业生产的农民，应该实施免费的农业科技中等职业教育和农业系统培训，以加快培养那些具备一定文化背景和生产经营能力，同时符合现代农业要求的骨干农民，让他们成为高素质现代农业生产经营者并获得财富。对于获得现代职业农民证书（新型绿色证书）的农民而言，必须持续接受指导和培训。为了培养农业后继者，我们可以提供以下措施：一是支持中高级农业职业学院有针对性地培养志愿在农村发展的青年人；二是吸引那些在农业院校就读，尤其是中高级农业职业学院的毕业生，回到家乡从事农业创业；三是为初中和高中毕业生、青壮年农民工以及退役军人，提供全程免费的培训等服务，以此来培养致力于农业事业的农业接班人。

在农业培育领域，应考虑到农民学习的特殊属性和规律。为了惠及农民并且确保培育效果，需要注重教育和培训两方面。积极促进"百万中专生计划"，采用"送教下乡"的方式，帮助农民接受教育。同时，需要建立可以灵活调整的"农学结合"学制，以形成适合农民的教育体系；以阳光工程为主要措施，积极探索"田间农民学校"和"创业训练"等方式；积极促进农村教育的发展，建立以农业广播电视学校和农民科技教育培训中心为核心的培训机构；需要采取积极的措施，推进空中课程、固定课程、流动课程和实地课程的发展；建立农民教育培训导师团等机制，旨在提升农民培训的质量、水平和有效性。

3. 探索建立现代职业农民认定管理制度

在现代职业农民培训制度中，认定管理扮演着至关重要的角色，它不仅是扶持和服务现代职业农民的基础，也是其培养体系的重要支柱和平台。政府领导全国范围内的认定农民职业资格制度改革和升级工作，建立由农业部门、农业广播电视学校以及其他受委托机构共同承担的制度体系，并创建基于"绿色证书"的全新认证管理方案，以此来建立全新的农民职业资格认证制度。制订认定管理办法时，应考虑到不同地区的具体情况，如地理位置、产业结构、生产能力等因素。除此之外，还需要考虑到农民的劳动年限、专业技能、经营规模以及产出效益等因素，以确保采用的认定条件和标准既合理又科学。

要使农民教育专门机构明确其主体地位、责任和认定程序，各地政府要加强其建设和管理，并强调在认定和服务方面的管理和协调作用。创建动态管理机制，对已认证的现代职业农民进行信息档案归档，定期进行考核评估并向社会公开，以确保能够随时增进或撤销此资格。采用程序化的探索方式，选定一些重点目标进行培养和关注，直至目标达到成熟水平后再进行评估和支持；也可以采用严格的要求和标准来确定目标，直接开展政策支持。必须认真考虑农民的意愿，并确保政策扶持与获证相关，从而保证农民从中获益。保持公开透明度，积极接受社会监督，绝不能收取任何形式的费用。根据不同地区的情况进行分产业、分层、分类的区分，不能急于求成，更不能陷入形式主义和一刀切的做法。

4. 着力构建现代职业农民扶持政策体系

政策扶持促使现代职业农民得以发展壮大，使现代职业农民培育体系得到稳固的保障。政府需根据产业领域、层次和性质划分不同的扶持政策，重心应集中在现代职业农民身上，尤其是那些在粮食生产中具备科技驱动能力，并致力于生产和经营发展的农民。

为了促进农业发展，我们需要保持现有政策的稳定，并逐渐将新增项目聚焦于现代职业农民。如果把补贴转嫁到土地承包经营权的使用者身上，现代职业农民将无法从中获得任何实质性好处，这势必会降低他们的生产热情。需要逐步实现补贴重心的转型，从关注收入方面逐渐转向技术、教育培训等领域，以此建立新型政策框架，加强农业发展，促进农村富裕。

要建立有效的土地流转机制，促进现代职业农民接手土地，并在确保土地权益不受损害的前提下进行。因此重点在于对土地的登记确权，以此为基础来引导合理流转。

在金融信贷行业，需要持续增加对农村信贷的投资，并创立一个可靠的担保基金，以帮助职业农民在扩大生产规模时应对财务困境。

应当扩大现代职业农民的农业保险项目范围与种类，为他们提供一定的优惠待遇。需要探索提升现代职业农民社会保险缴纳比例的方式，同时也需要改进养老、医疗等公共服务的品质标准。

确保农民能够免费接受中等职业教育，并能够得到国家教育援助政策的支持。为实现这个目标，需要将农业广播电视学校的设施建设纳入国家基础设施建设计划，吸纳更多的农民成为现代化的职业农民人才。

第三节　现代农业经营主体

进入 21 世纪以来，随着城镇化的快速推进，中国人口结构、就业结构、社会结构产生了深刻调整，越来越多的农业经营主体转向现代化模式。这种新型的农业运营方式已经通过农业大户、农民专业合作社和农业领军企业等代表性角色的表现，展示出了极其强劲的生命力和巨大的活力。

展望未来，我国农业将进入一个全新阶段，其中内部因素和外部环境的相互作用将产生重要影响。除此之外，工农、城乡关系更加紧密，农业生产经营方式的变革也将迅速展开。未来，农业的经营主体和方式将逐步多样化，不再以单一的农户种植和养殖为主，而是更多地涵盖其他农业领域，并借助现代化的农业机器和先进科技来进行。

在实现现代化的过程中，构建现代农业经营主体已经成为一项必不可少的课题和关键性战略任务。为了实现"四化同步"，需要加快建设现代化农业经营机构。尽管我国在工业化、信息化和城镇化方面得到了迅速发展，但是相对于这些领域而言，农业现代化的进步相对滞后，成为"四化"中发展最为不充分的一个领域。长期保持经济和社会的平衡稳定发展面临着一定的潜在危机。加快现代农业经营主体建设，可以在保持农业发展方向不变的前提下，增强工业化、信息化和城镇化对农业的支持。通过发挥工业技术、信息网络和城市化的优势，为国民经济的稳定和健康运转提供支持。同时要重视保障农产品的稳定供应和价格合理，以增强现代农业在工业化、信息化和城镇化等因素的推动下的稳固性和可持续性。

加快建设现代农业经营实体是推进现代农业发展的关键使命。我国的农业领域目前正面临许多复杂的挑战：土地和水资源减少，同时农业劳动力的素质结构也出现了问题。此外，在工业化与城市化的发展中，城市吸引了更多的生产资源，然而农产品的需求却持续上升。因此需要根据农业的发展水平和阶段，毫不动摇地走中国特色的农业现代化路线。需要有效地调整农业资源的分配方式，以提高资源利用效率，并致力于推动现代化农业的发展。我们需要在保护农村基本经营制度的前提下，探索适合、适度的规模经营方式，从而促进现代化农业的发展。在保持传统耕地、淡水和劳动力等资源利用的同时，引进现代化的资金、管理技术和技术要素，以提高农业现代化水平的能力。

形成和推动现代农业经营主体的发展，是实现农民获得更多收入的重要途径。创立现代化的农业管理体制带来了许多优点，如改善农业的发展模式，增强农业的规模化程度和组织水平，扩大农业产业链，增加农业的功能范围，从而提高劳动效率和土地产出率，有助于提升农民家庭经济收入。另外，由农业产业化龙头企业和农村社会化服务组织创造的许多就业机会，在促进农民工资性收入增加方面发挥了有效作用。通过培育现代农业经营者，可以更有效地利用农村房产和土地等资源，将它们转化为市场和资本化的财富和收益，提高农民的资产性收入，如租金和红利。

几千年来，中国一直采用小农经济模式维系农业经济，并因此形成了农业立国的体制和相关的文化社会体系。随着城乡一体化的不断推进，传统的农户个体经营模式已经不能适应市场化的发展需求。因此，必须对农业经营体制进行改良，同时逐步推进中国农村文化社会组织形态的改变。为推进现代化进程，需要发展集约化、专业化、组织化、社会化的农业经营主体，这也是中国特色农业现代化的必然选择。

集约化是一种经营方式，旨在通过适当的规模和相对较少的资源投入，提高农业产出并优化经营效益，与以往粗放经营的方式形成明显对比。建立适当的农业生产分工体系是实现专业化的关键，有助于提高农业生产效率和质量，进而促进农民收入的增加。为了应对日益激烈的农业市场竞争，需要将分散的小农经济凝聚起来，构建规模化、有组织性和科学管理的合作形式。社会化的目标是建立适应农村经济发展和技术需求的生产和服务体系，促进小农经济的转型升级，并构建全新的社会化服务网络。为了推动我国农村社会化服务网络的发展，必须支持和鼓励农民自发组织，并促进不同农户之间的协作。社会分工和市场经济发展的必然结果是农业专业化。

要推进农业集约化，就必须加强农业专业化、组织化和社会化服务的能力。要实现农业专业化，必须在组织化和社会化方面获得成熟度的支持。要进一步发展，组织不仅需要提高专业化和社会化水平，还需要不断提升其整体水平。专业化和组织化的发展是社会化不可或缺的组成部分，社会化也是支持它们不断发展的重要因素。这个整体包括四个方面：集约化、专业化、组织化和社会化。它们相互关联，相互支持，不能忽视或过分强调其中任何一个方面，需要在这四个方面上下功夫，但也不能一刀切地平均分配力度。必须考虑到各地的具体情况，根据其不同的发展程度，综合推进，集中攻坚，实现共同进步。

改革开放以来，我国农业经营主体的构成已经发生了根本性的变化。最初，家庭经营农户数量相对较多，这导致整个农业经营主体颇为单一；而如今我国农业已经从这种单一的格局走向了多元化的格局，涌现出许多不同类型的农业经营主体。在当今的农业经营中，许多实体都在积极参与，包括农民、农业企业、农民专业合作组织和社区 / 行业服务组织等。

目前，农户仍是中国农业生产的主要经营单位。随着农业结构的改革，农村产权制度的规范完备，农业劳动力的多元化流动，以及工业化和城市化的快速发展，农民的群体将出现五种主要的差异类型：传统农户、专业种植和养殖户、经营和服务型农户、半工半农型农户和非农农户。现代化农业经营实体的出现是建立在这个基础之上的。

在中国农村目前实行的基本经营制度中，农民专业合作社已经成为双层经济组织中主要的统一经营机构。它对农业经营体制和机制进行了创新，促进了农业经营方式的快速变革，并提高了组织化和现代化水平。此外，它还推动了适度规模经营的发展，并提供了专业的社会化服务。它不仅是保障农产品质量安全、提高农业生产能力并增加农民收入的重要手段，同时也代表了农村生产关系与农业先进生产力的有机融合。

促进新型农业经营主体的发展是实现现代农业经营的关键。这些主体涵盖了规模化经营农户、引领行业的企业、农民专业合作组织，以及为社区或行业提供服务的组织，等等。需要着重提高农业生产经营的组织程度，推动现代化农业的发展。此外还应积极推动新型农业经营主体的普及，大力发展新型农民的关键在于培育现代农业经营的核心力量。

第四节　现代农产品质量安全与市场营销

一、现代农产品质量安全

（一）现代农业发展对农产品质量安全的影响

现代农业与传统农业不同，它结合了现代科学技术，不断进行农业技术创新，从而提高农产品产量和质量，是一种更先进的农业发展模式。随着现代农业对生物技术的广泛运用，环境遭到了一定程度的破坏和影响，同时农产品质量安全问题也日益受到人们关注。为了将我国现代农业发展推向全新的高度，必须由相关人员不断探索和思考，寻找出最为合理的解决方案。

1.现代农业发展对农产品质量安全的积极影响

（1）可持续发展促进农产品质量安全提高

随着科技的不断推进，越来越多的人开始重视可持续发展的重要性，这得益于科学发展理念的普及。然而，在社会进步的过程中，我们仍面临许多问题。例如，对自然环境造成严重的破坏，过度开采导致部分资源已经极度匮乏。这些问题对我们的生活产生了严重的影响，促使我们更深刻地认识到保持可持续性发展的重要性。将可持续发展理念与现代农业相结合，有效地提升了农产品的质量和安全。

（2）集约化生产可有效控制化学制品的投入

现代农业通过集中生产的方式成功地克服了传统农业分散生产模式的限制。这个措施有效地宣传了科技和机械化生产的方法，推动了农业生产过程的规范化和专业化。此外，我们建立了全面的生产管理系统，以便更好地管理化学制品的使用并有效监控其使用情况。这一举措不仅有助于减少废弃物排放，还能有效降低对自然生态环境的污染。

（3）科技进步与创新促进农产品质量安全提升

随着信息技术的普及，人们日益重视开发新型的农业产品，用于抵御病害虫的侵袭，减少使用农药的频率，降低对环境的危害，同时提高农产品的品质和安全性。另外，应用现代技术于农产品储运环节可以有效地减少安全风险，进而提升农产品的品质。农产品的品质安全也有了更加有力的保障，这得益于农产品检测技术的不断提升。

（4）农业设施的发展为农产品质量安全提供保障

随着现代农业的不断进步，越来越多的先进技术被广泛应用，如水培和地膜覆盖。这些新技术成功遏制了病虫害的入侵，降低了化学农药的使用量，缓解了土壤污染的问题。此外，它们还有效保障了农产品质量和安全，推动了农业的可持续发展。

（5）新型农民培育可有效缓解农产品质量安全危机

农业的进步和发展一直以来都离不开农民的不断努力。为了推进现代农业的发展，提高农民的综合素质和技能水平十分关键。在现代农业发展中，提高农民整体素养被视为解决农产品质量安全问题的有效途径。

2.现代农业发展对农产品质量安全的消极影响

（1）现代农业化学技术直接导致农产品质量安全问题

现代农业化学技术的广泛运用是导致农产品质量安全问题的主要因素。虽然在农业发展中使用高效农药和化肥有积极作用，可以显著提高产量，但是许多农民对这些农产品处理方法的了解不足，导致滥用高效农药现象普遍存在。这一现象引发了一系列问题，包括农药残留、重金属超标、环境污染等。此外，过度使用人工添加剂还会导致农产品质量安全问题的加剧。

（2）集约化生产间接导致了农产品质量安全问题

现代农业的一个显著特征是采用了集约化生产模式，但是这种生产方式不是没有缺点，它也会存在一些农产品质量安全问题。密集的农业生产方式可能会导致病虫害泛滥，治理起来也更加困难，只能通过大量使用化学农药来应对，而这样做可能会对农产品的品质和安全性产生负面影响，并且还会威胁生态环境。

在养殖业中，采用高密度饲养方式可能会导致饲料添加剂的过度使用，从而导致畜禽粪便增多。如果无法对排泄物进行合理处理和利用，这些粪便会造成土壤中的重金属元素过度积累，对环境造成巨大破坏，进一步影响农产品的质量和安全，并不利于农业的可持续发展。

（3）农业生物技术在农产品质量安全中埋下隐患

目前，杂交农作物和转基因农作物能够有效地遏制农业害虫的繁殖，同时也显著提升了产量。然而，这些种植作物由于只有单一的抗性来源，因此需要在生长过程中大量使用化肥以维持其生长。这种做法会对农产品的质量和安全产生负面影响，还会给生态环境带来一定程度的损害。除此之外，转基因食品的安全性尚未得到全面研究，人们对转基因食品是否有害于人体健康存在争议，因而农产品的质量和安全存在潜在风险。

综合而言，现代农业的进步对农产品的质量安全具有正反两面的影响。我们需要提高人们的意识水平，不断推进农业科技的创新，为农业的发展注入新的动力，以实现经济和社会的可持续发展。

（二）提高现代农产品质量安全的措施

现代特色农业生产通过创新发展得到了现代农产品质量安全检测体系的积极肯定。但在推进这一体系的过程中，出现了一些新问题，如检测场所条件不佳、检测设施过时、检测方法过于单一，以及缺乏足够数量的工作指导人员等问题。要解决上述问题，可以从以下几个方面入手，以更有效地提高农产品质量安全检测的作用，促进现代农业的发展。

1.完善现代农产品质量安全检测体系以及检测技术

为了确保现代农业的安全检测工作更加完善，各级检测机构需要进行有序协作，充分发挥各自的职能，并加强农产品质量安全检测认证中心的建设。除此之外，还需要制订完备的工作制度和服务内容体系，以保证现代农产品质量安全检测工作的健全。为了规范现代农产品检测中心的运营，应当进行更加全面的管理培训，形成管理机制的完整体系，以确保各检测机构具备更好的管理能力。在这个时候，需要为检验人员提供培训和认证，特别是要加强检测专业技术人员的能力水平。他们可以通过这样的方式，掌握先进检测技术。通过实施监督考核机制，确定人员资格及认证标准，可提高实验室检测程序的合法性，进而提高检测结果的准确性和检测报告的可靠性。

2.提升现代农产品质量安全检测硬件设备

为满足现代农业的发展水平和需求，必须加强现代农产品检测设备的精准性。因此，考虑到农产品检测技术的要求和当前的情况，需要进行合理的实验室规划，并装备高效的工具设备，如液相色谱仪、气相色谱仪等，来确保基层监管部门的实验室能够检测出农畜水乳等五大类初级农产品的所有参数。这样，检测仪器可以满足农产品质量安全检测的需求，从而完善质检体系，提高检测的水平。

3.保障现代农产品质量安全检测资金投入

如果没有足够的经费投入，现代农产品的质量安全检测需求就无法得到满足，这会对农产品安全检测单位的发展造成阻碍，妨碍相关工作的进行，并对现代农产品质量安全检测工作带来负面影响。因此，需要制订一个系统性的预算计划，以科学地管理农产品质量安全检测所需的资金，相关财务人员和质量安全检测人员必须遵守相关规定。为确保现代农产品的质量安全检测，需要充足的资金支持。因此，农产品质量安全专员需要充分了解当前农产品检测项目的需求，并在控制费用的前提下，合理运用各种安全检测技术，确保这些经费用于相关检测项目，并且满足工作需求。通过投资合作或者社会企业捐赠投资等方式，可以增加农产品质量安全检测资金的投入，扩大检测项目的资金规模，引入更多的社会资本，从而有效地保证检测工作能够成功地进行。

要完善我国现代有机农业的生产、发展和建设体系，必须确保消费者的权益得到充分维护，同时推动农业市场环境更加健康、安全和稳定。现在，消费市场上主流的商品是那些既健康又绿色的食品。因此，加强现代农产品的质量安全检测，对于推动农业经济的健康、稳定发展至关重要。了解先进的检测技术，并研究和探索农产品质量和安全检测领域的应用技术，能够推动中国未来区域农业在质量方面实现现代化发展。

二、现代农产品市场营销

农产品营销是农产品生产经营者为达成商业目标而进行的一系列综合商务活动，这些活动包括满足消费者需求、应对市场变化和进行商业交易等。现代农产品销售方式已发生变革，融合了线下和网上营销。在农产品销售领域，云计算、大数据、物联网和移动互联网等创新技术已经得到广泛应用。不过，许多农民仍然坚持使用传统的销售方式，这导致他们的农产品竞争力不足。为了提高农产品在市场的竞争力，我们需要实施多项措施。一是可以利用新兴技术手段提高农产品品质，二是关注售后服务，三是推动农业市场化和精准化。这些步骤均是不可或缺的。

（一）现代农产品市场营销存在的问题

1.经营者观念跟不上社会的发展

成功销售农产品的关键在于制订适合现代市场的营销策略。随着互联网大数据和手机应用程序的普及程度不断扩大，当前的农业实践者在市场营销方面已经累积了相当的经验。随着购买渠道的增加和市场竞争的加剧，顾客对农产品的要求越来越高。为了满足社会进步的需求，需要扩大市场规模并提高市场占有率。一方面，巨大的市场和适度的生产之间存在着差距。另一方面，许多现代农业生产者缺乏现代营销的敏锐性，无法及时获得信息，导致产销不匹配。通常情况下，他们会盲目跟随市场，由于缺少相应的营销措施和有效的促销手段，导致收入大幅度降低。

2. 农产品产业基础薄弱

国内现代农产品营销市场近年来有了相当程度的发展，有些农产品已经成功出口到国外。尽管农产品市场上供给的农产品种类众多，但仍有不少问题需要解决，如缺乏深加工、同种类农产品差异不大、包装简陋、保鲜难度大等。加之农产品物流成本居高不下，使农民难以获得利润。

3. 农业生产者对农产品创立品牌意识不强

在市场经济环境下，生产商必须关注消费者的需求并制造迎合市场的产品。品牌是消费者辨认优质产品的重要标志之一。农业科技的应用广泛，应针对不同的种植及后期管理方式进行调整，这些调整会对农产品的口感、味道等方面产生影响，从而导致不同产品之间的差异。一个优秀的产品需要强化品牌口碑，因为它能够同时提高口碑和销售，但仍有一些现代农业从业者过于专注眼前的利益，缺乏积极追求品牌建设的意愿。

（二）现代农产品市场营销的对策

1. 生产绿色、无公害产品，迎合市场、消费者的需求

现代农业从业者应该抓住消费者对健康绿色产品的需求，积极促进现代农产品的绿色化发展。现代农产品生产者应该增强对农产品品质的掌控能力，加快淘汰销售不畅的品种，同时引入和推广新的农产品品种；采用引进新的农业技术、模式和机械的方式来提升对田间管理的能力，以生产更多环保农产品。现代农业从业者需要根据消费者的需求创造和引导市场，同时促进供应方迎合消费者的期望。唯有如此，在日新月异的市场环境中，方能满足并激起消费者的需求，进而促进农产品市场营销的快速发展。

2. 加大农产品电子商务人员培训力度

随着互联网的快速发展，政府应该加强对现代农村营销人才的培训和支持，

鼓励那些具备专业素养和诚信的电商人才的成长。此外，政府还应根据消费者的反馈意见，不断完善物流、生产和包装等，以便实现线下和线上销售的双重成功。

3.错开销售淡旺季，提早规划，提高收入

农产品的品质会受到气候和品种等因素的直接影响，同一种产品在不同季节的价格差异较大，旺季时的价格通常会比淡季高很多。因此，需要指派专人了解消费者需求状况、市场趋势等，并建立稳定的物流渠道与物流公司合作，以确保产品能够顺利上市并取得最佳销售效益。可以将部分农产品储存于冷藏库中以保鲜，避免在销售旺季与其他产品竞争，能够填补农产品的时间空缺，并以更高的价格出售。

4.寻找多种销售渠道，增加收入宽度

在市场经济的背景下，要开拓多种销售渠道，确保产品快速销售。可以结合微信小程序和微信群来推广，并吸引更多顾客。与现代农业领军企业签订生产销售合同，明确种植物种、采购标准和最低价格保证，并进行提前规划和统筹安排。确保符合标准要求的农产品稳定供应给超市和农贸市场，需要建立长期的生产销售关系，以构建现代农产品的可靠销售渠道。为了开展订单农业，必须具备一定规模和实力，并且需要提高组织化程度。现今农产品在每个市场阶段的涨幅普遍超过20%，直营店要求农产品必须通过物流检测后方可入库，同时监管机构正在积极推动直营店加入肉菜追溯体系，以确保直营店所提供的农产品新鲜、安全，满足市民放心购物和食用的需求。

5.大力发展现代农业电子商务业务

通过提升基础设施，包括推行分级包装、冷链物流等，加快现代农产品优势区建设，加快优化产品标准和生产体系。我们应该加强现代农产品品牌的网络传播和市场推广，积极宣传现代农业领域的电子商务成功案例和实践经验，让农民能够以优惠的价格销售他们的农产品。

6.加大品牌创建力度和宣传力度

在竞争激烈的同类商品市场中，品牌是决定成功的关键因素，能够带来良好的营销效果。除了加强企业和农民自身的宣传工作，地方政府还应积极推广当地特色农产品，提高其知名度，扩大其市场占有率。现代大众传媒如电视游动字幕、网络和户外大型广告等得以广泛使用，其传播效果较好。因此，这些传媒已经成为农村农副产品营销的主要渠道。若农产品品牌声誉良好，则代表着企业形象与产品品质卓越，市场份额不菲，社会信誉甚高。此举不仅能够有效地维护消费者权益，也为他们省去选择产品的时间。除此之外，该政策还能为农业从业者创造可观的经济效益与无形资产。

7. 树立农产品绿色营销理念

在现代农产品营销中，有一个重要的理念是将保护环境与满足消费者需求相结合。随着时代的演进，人们的消费观念也在不断改变，强调农产品的绿色、健康和便利。采用绿色农业生产方式可以保证消费者的身体健康，同时改善生态环境。需要在农产品生产销售的各个环节中推广绿色文明观念，使人们更加注重自然、回归自然、保护自然。通过规范化生产线和包装方式，让农产品兼具美观环保、便捷节省的特点。当天包装、销售，对于不新鲜的产品立即进行处理，以确保所提供的产品既安全又新鲜。

第五节　现代农村经济管理中的生产要素管理

一、人力资源管理

乡村振兴，人才为先。农村建设的一个重要原则就是以人为本，实现乡村经济、社会、文化等方面的发展，需要"有文化、懂技术、会经营"高素质农民积极参与，要靠人才推动。要实行有效的人力资源管理，才能够让各类人才在农村大显身手、各展其能。现代农村人力资源管理既可以满足农村产业结构调整升级、农业可持续发展的需要，又可以满足农村劳动力返乡创业的需要，所以加强农村人力资源的管理在当前是非常必要的。

现代农业劳动力利用率是投入农业生产经营活动的劳动力数量与拥有农业劳动力总量的比值。一般情况下，比值越大，农业劳动力的利用程度就越高。对于农业劳动力利用率问题，从社会经济发展的角度看，应使社会总劳动量在城乡各经济部门的分布趋于合理，使社会总劳动量获得有效的利用，从农业内部看，应首先将种植业的多余劳动力向林、牧、渔业转移，使农业内部的劳动力分布处于较好的利用状态。

针对农村的总体战略目标，能够在不断变化的环境下了解农村经济对人力的需求和供给情况，从而采取必要的措施和政策，确保农村经济能够在需要的时候得到必要的人力支持，并推进农村经济的发展目标。制订规划，既可以保证人力资源管理活动与农村经济发展战略方向目标一致，又可以保证人力资源管理活动的各个环节相互协调，避免不必要的冲突。与此同时，在实施农村经济发展战略规划时，还必须在法律和道德观念方面创造一种公平的就业环境。切实做到将人力计划、人力增补和人员培训三者相结合，合理规划人力资源发展；合理改善人力资源分配不平衡的状况，促使人力资源的合理运用；适时、适量、适质地配合组织发展的需要以及通过人力资源效能的充分发挥，降低用人成本。

二、农村资金管理

目前，农村经济的发展主要以现代农业中小企业的发展为主，农业中小企业已经成为我国国民经济中重要的组成部分，是推动我国经济发展的重要力量。但是相对于一般工业企业来说，农业中小企业属于弱势企业，受到的最大的限制就是融资渠道受限。要解决这一问题，首先要明白资金在农村集体资产中的地位，了解当前的农村资金管理政策；其次要了解适应农业中小企业筹资的新品种并科学地选择融资渠道。

现代农业经济是我国重要的经济组成部分，农业中小企业在稳定农业经济发展、吸收农村就业人员和提供社会服务等方面发挥着重要的作用，有利于经济的发展和社会稳定，有助于推动经济增长。

农业产业的弱质性，使农村中小企业面临着极大的风险，所以筹资方式比较单一，包括银行贷款、在农村村级范围内募资，以及民间借贷。为了规范村级范围内的筹资和筹劳管理，减轻农民的负担，保护他们的法定权益，促进农村经济的发展和社会的稳定，农业部起草了《村级范围内筹资筹劳管理暂行规定》。该规定是根据《中共中央、国务院关于进行农村税费改革试点工作的通知》和《中华人民共和国村民委员会组织法》的相关规定制订的。根据这项规定，农村地区所筹集的资金应集中用于本村范围内的集体生产和公益事业。

　　当然这些方式的选择也存在一定的问题，特别是银行贷款和民间借贷。例如，银行贷款无论是贷款程序、信用评价标准还是贷款额度都受到极大的限制；民间借贷从办理手续、利息等方面也会产生一些不利于社会稳定的因素。从农村农业中小企业筹资方式的选择来看，应从以下四个方面进行改进。

　　（1）完善农村农业中小企业融资的政策。为了推动农村中小企业的发展，政府提供了一系列优惠政策，包括减税、贴现、补贴等，鼓励金融机构积极为科技型和成长型企业提供融资支持。由于农村中小企业分布广泛、经营范围多样，政府可以实行分类指导和促进竞争的措施，以鼓励强者恒强，优胜劣汰。优先支持那些在销售、市场前景、技术创新和经济效益方面表现出色的农村中小企业，旨在通过优先扶持优势企业和引领不足企业的策略，推动整体农村经济的发展。

　　（2）建立健全中小企业信用贷款服务体系。积极推动货币信贷政策的执行，并发挥国有商业银行在中小企业信贷领域的运营能力。通过优化信贷管理程序、完善信用评估准则，增大放贷额度。需要进一步优化中小型金融机构的架构，在引入私人资本进行商业银行和信用社的股权投资的同时，进一步提高其组织结构的完善程度。需指导农民、个体工商户和小型企业，鼓励他们投资农村信用社，以改善他们的股权构成。逐步设立区域性的股份制中小银行和合作性金融机构。除此之外，政府还可以采用减税政策、按揭等措施来刺激银行增加对农村中小企业的贷款投资。

　　（3）规范民间借贷市场。民间的融资活动在办理手续、利息等方面也会产生一些不利于社会稳定的因素，但是仅仅禁止是不可行的，要用地方性法规对融资双方的权利和义务进行明确，纳入正规的金融体系。

（4）拓宽农村中小企业的融资渠道。我们可以大胆探索股权和债务融资的途径，推动我国证券市场的稳定发展。此外，国家还需加快完善证券市场体系，以更好地支持农村、农业以及中小型企业的直接融资需求。我国采取引入创业板的大胆措施，旨在支持中小企业融资发展。各地的农村中小企业应该趁此机会，积极争取资本市场的支持，获取更多资金，推动企业加速发展，提升技术创新水平。

随着我国经济逐步发展，人们日渐富足，可支配的资金也愈加充足。同时，农民在投资和理财方面仍有改进的空间和提高的余地。在中国，随着城乡经济的蓬勃发展，很多农民已经通过多种方式摆脱了贫困，比如移居城市、创业、发展农村特色经济等。近年来，随着城镇化进程的不断推进，一些农民在被安置时因为拆迁而得到了货币补偿和高额的补偿款，这让他们的经济状况得到了迅速改善。此外，随着城市化进程的加速，农民的生活消费方式也在悄然转变。农村居民现在更多地选择在衣着、文化教育等享受型消费方面支出，而减少了用于食品等生存型消费的支出比重。随着农民的收入不断增加和家庭财富不断积累，农民有了更强烈的愿望，希望将财富增值。随着农村居住条件的提高，对子女教育的投入以及生活条件的改善，农民拥有的财富越来越多。因此，他们必须面对如何做好理财规划的现实问题。

由于文化水平、教育程度以及地方经济发展的不平衡，农村居民的理财思维相对单一，与城镇居民相比存在较大差异。几乎所有农村家庭都会将剩余资金存入信用社，少有人会进行投资理财，除了日常必需品之外，并没有其他的开销。普通百姓在金融投资方面的认知较为有限，通常只了解银行的基本服务如存款、汇款和货币兑换等，不了解金融投资的其他方式。他们普遍认为储蓄可以获得一定的利息收益。由于普通人已经习惯将资金存放于银行，缺少有关投资理财的信息来源，致使农村居民闲置的资金难以得到有效利用。他们无法接触到商业银行所提供的普惠金融服务，因此缺乏相应的理财观念。随着我国经济的进步和政府对农业扶持的加强，农村经济蓬勃发展，越来越多的农民获得了更好的生活条件，且有一定的理财观念和经济实力，选择购买理财产品而不是仅仅存款已经成为一种趋势。通过政府提供的新型理财方案，农民可以选择适合自己家庭情况的理财产品，同时在风险得到有效控制的前提下，获得最大的收益。这一举措不仅可以迅速提高农民的生活水平，而且有助于我国实现宏观经济管理的目标。因此，调整现有的农民理财结构对于百姓的福祉和国家整体经济的繁荣都至关重要。

第五章 现代农村经济与管理的发展

本章为现代农村经济与管理的发展，从三个方面进行阐述，即现代农村经济管理发展的现状、现代农村经济管理发展的对策、现代农村经济产业融合发展的服务支撑。

第一节 现代农村经济管理发展的现状

当前，经济不断发展，科学技术不断完善，渐渐地形成了现代化的经济模式，为农业经济发展带来了较大的挑战。要想更好地满足农业市场的经济发展，真正有效地推动我国国民经济稳定发展，关键工作就是明确农业生产的形式，分析和认识当前农业生产中存在的矛盾，建立以新农村建设为背景的农业经济管理形式，真正为农业经济管理发展的开展奠定坚实的基础。

在当前的广大农村，农产品生产地有很多的劳动力选择外出务工，使得农业经济的发展缺乏基本的管理人员与劳动力。有效生产力参与劳动生产所获得的报酬低于在外务工人员所获得的收入。在农村，有些地方地少人多，只是依靠土地的收入是难以维持生计的。而且，近年来城市经济快速发展，工业化水平的不断提升，吸引很多农村劳动力陆续涌入城市务工，只将老人与小孩留在家中开展农业生产活动，导致农村劳动力严重不足。

合理的农业经济管理发展策略，可以促进农业生产持续稳定增长，并且也能对管理工作进行约束。农业经济现代化所生产的农产品与市场需求要相适应，在生产中应以市场需求为主。管理人员的工作也要根据新农村建设发展的要求来开展。目前在农村，农业经济发展策略还存在守旧、单一的现象，这给农业经济的发展带来了严重的影响，也为农业经济管理水平的进一步提升造成了制约。

实现乡村振兴，第一要务是实现产业振兴，因此产业振兴便成为当前我国农村经济政策的核心。但目前我国大部分农村产业形式较为单一，产业多以设施农业、特色农业、农产品的初加工和发展特色旅游产业为主，属于产业发展的初级阶段。加之农村集体经济受限，产业发展缺乏资金支持，无法形成规模化和产业融合发展的优势。产业发展定位过高也成为限制当前我国农村经济发展的一个重要因素。目前，我国农村产业发展多以借鉴成功经验为主，并已逐步成为我国农村产业发展的主流模式，这种产业模式很难起到带动农村经济持续发展的作用，更是难以带动周边地区形成良性互动，最终会造成农民收入受限，无法保证农村经济持续增长。同时，农村产业发展面临产业升级，农村居民参与度下降。造成这种现象的原因一方面是农民对产业升级和市场需要的认识不够，导致农产品滞销或价格波动较大；另一方面，不断提高的规模化和机械化程度极大地降低了农村劳动力数量需求，更多的散户失去竞争力，进而导致部分农村居民无法从产业发展中获得经济效益。

农村要发展，人才是关键，随着城镇化的不断发展，越来越多的农村人才为追求更高的经济收入和更好的生活品质开始向城镇转移，造成农村人才流失，农村空心化问题日益加剧，而这也逐渐成为我国农村经济发展面临的重大难题。农村经济管理要实现高质量发展，产业、人才、经济、基础设施等一系列要素是一个统一的整体，缺一不可。农村人才的缺失直接造成农村经济发展链条的中断，这不仅不利于农村产业升级和发展，还对农村经济合作社的规范化和统一管理带来消极影响。此外，过去多年来国家人才培养模式更加注重城市发展和城市各方面的经济建设，而对农村经济发展专门人才培养的力度尚显不足，导致农村人才队伍建设与农村经济社会发展需求严重脱节，农村产业发展也只能停滞在初级和中级阶段，无法更好保障农村经济实现持续、稳定增长。

传统观念在我国尤其是农村产生了较大的影响，受长期以来保守主义和经验主义等固化思维的束缚，有相当一部分的农村居民的思维方式很难发生转变，还是倾向于在现有土地以及在本地从事体力劳动。尽管有部分年轻劳动力为追求更大的经济效益外出务工，但其本质仅仅是停留在短时间内获取更大的收益，而非长远发展。虽然城市化进程为部分农村发展带来了机遇，但受传统观念的影响，农村居民未能牢牢抓住发展机遇，如在土地流转中，尽管不少农村居民获得了相应的补偿，却很难发挥集体优势进行投资与扩大生产规模，这不仅阻碍了资金的流转，同时也是阻碍我国农村经济管理发展的一个主要因素。

第二节　现代农村经济管理发展的对策

一、注重信息化发展

随着科学技术的不断发展，现代农业经济管理工作有效地借助了多样化的先进设备、设施。"信息化发展是发展进化规律的必然性体现，是提高人民生存生活水平不可代替性的体现"[1]，为现代农业经济快速、稳定的发展提供了有力的保障，因此可以看出，现代农业的发展不可能脱离先进技术的引导和帮助，也不能缺少市场信息的建设工作。当前计算机技术的发展为现代农村建设带来了技术保障，有效地运用计算机技术，能够加速农业经济现代化，促进现代农业经济管理的形式不断完善和优化。在信息化资源与技术的帮助下，农民能够及时地对市场信息进行了解，这为农业经济快速发展带来极大的帮助。

二、突出现代化发展

在现代农村建设当中，要求农业经济管理能够满足现代化的发展需求，现代化农业不单单是我国农业发展方向的总体趋势，也能体现我国社会主义市场经济的发展规律。现代农村建设相比以前的农业经营形式存在着许多差异，主要体现

---

[1]　王越. 国之重器出版工程系统理论与人工系统设计学 [M]. 北京：北京理工大学出版社，2019.

为现代化的农业经济体系更加重视市场环节。另外，现代农村建设在注重农业经济质量的同时，也注重农业可持续发展的要求，在改善经济发展理念的同时让农业经济的管理形式更加完善，这为现代农村建设发展提供了有力保障。

三、创新生产化发展形式

在现代农村建设中，先进的农业合作经营形式，使农民的收益不断提升。这种先进的农业经济机制也在当前环境下获得了良好的发展。比如在一些大型的企业引导下，农产品也在向着标准化生产的方向发展，在当前的现代农村建设和发展中，大企业需要把握标准生产要求，重视农产品的加工和生产过程，这为农民的收入得到进一步提升、稳定农村地区经济的管理发展提供了有力保障。

四、优化现代农业经济的管理制度

现代农业经济的管理制度是现代农业经济发展中的关键性依据，所以在对经济制度进行创新和优化时，必须要对多种因素进行分析，并制订合理的管理制度。

首先，应以国家对现代农业经济的管理指导意见为基础，要科学合理地将国家的政策、纲领更好地落实到农业经济发展中。

其次，现代农业经济管理的相应政策，一定要以各个地区特色为指导，因地制宜，制定完善的指导策略，建立完善、有效的政策与制度。

最后，应从发展现代化农业的需求出发，建立具有中国特色的农业管理机制和体系，对生产资源进行合理的配置，从而制订出符合经济发展规律的管理制度体系。

五、加强农业经济管理人才的培养

在现代农村建设中，不仅要建立起较为完善的管理政策，也要注重优秀人才的培养，并对相应管理人员进行管理与优化。要想增强农业经济管理队伍的建设水平，就必须定期、有效地对农业经济管理人员开展培训工作，让管理人员能够更好地掌握最新的农业经济管理政策，能够正确地认识到农业经济的重要性，科学有效地增强其综合素质以及创新能力，进而提升政治素养，这样才能保障他们在农业经济管理中更好地开展工作，促进我国现代农村现代化经济的稳定发展。

现代农村建设与发展，要求对现代农业经济管理体制进行科学有效的改革，发挥最大的作用，这样就能够进一步增加农民的收入，加快我国农业现代化进程，进一步增强我国的农业经济实力，实现我国农业经济的稳定发展。

第三节　现代农村经济产业融合发展的服务支撑

一、信息服务

当今世界，信息化的迅速发展为经济产业的管理融合发展提供了新的引擎和催化剂，加速了经济产业融合发展的进程。农业信息服务业也为现代农村一、二、三产业的融合发展提供了新的动力和黏合剂。推进农村一、二、三产业融合发展是主动适应经济发展新常态的重大战略举措，也是加快转变现代农业发展方式的重要创新思维。要搭建公共服务平台，创新农村金融服务，强化人才和科技支撑，改善农业农村基础设施条件，支持贫困地区农村产业融合发展，完善多渠道现代农村经济产业融合服务。

我国现代农村的信息技术应用研究起步较晚，但发展较快。目前，已在种植业、畜牧业、渔业、农垦、农机、农业科技教育、农产品市场等领域建立了一批政府、科研机构、农业院校、企业和社会团体网站，农业信息网络具备了一定的规模，信息资源得到了一定程度的融合开发与利用。从发展现状来看，现代农村电子商务是未来农村经济产业融合发展的重点领域。

一是建设新型农村日用消费品流通网络。为了适应农村产业组织变化趋势，可以充分利用"万村千乡"、信息进村入户、交通、邮政、供销合作社和商贸企业等现有农村渠道资源，与电子商务平台实现优势互补，加强服务资源整合。推动传统生产、经营主体转型升级，创新商业模式，促进业务流程和组织结构的优化重组，增强产、供、销协同能力，实现线上线下融合发展，支持电子商务企业渠道下沉。加强县级电子商务运营中心、乡镇商贸中心和配送中心建设，鼓励"万村千乡"等企业向村级店提供 B2B 网上商品批发和配送服务。鼓励将具备条件的村级农家店、供销合作社基层网点、农村邮政局所、村邮站、快递网点、信息进村入户村级信息服务站等改造为农村电子商务服务点，加强与农村基层综合公共服务平台的共享共用，推动建立覆盖县、乡、村的电子商务运营网络。

二是加快推进农村产品电子商务。以农产品、农村制品等为重点，通过加强对互联网和大数据的应用，提升商品质量和服务水平，培育农村产品品牌，提高商品化率和电子商务交易比例，带动农民增收。应与农村和农民特点相结合，研究发展休闲农业和乡村旅游等个性化、体验式的农村电子商务。指导和支持种养大户、家庭农场、农民专业合作社、农业产业化龙头企业等新型农业经营主体和供销合作社、扶贫龙头企业、涉农残疾人扶贫基地等，对接电商平台，重点推动电商平台开设农业电商专区、降低平台使用费用和提供互联网金融服务等，实现"三品一标""名特优新""一村一品"农产品上网销售。鼓励有条件的农产品批发和零售市场进行网上分销，构建与实体市场互为支撑的电子商务平台，对标准化程度较高的农产品探索开展网上批发交易。鼓励新型农业经营主体与城市邮政局所、快递网点和社区直接对接，开展生鲜农产品"基地＋社区直供"电子商务业务。从大型生产基地和批发商等团体用户入手，发挥互联网和移动终端的优势，在农产品主产区和主销区之间探索形成线上线下高效衔接的农产品交易模式。

三是鼓励发展农业生产资料电子商务。组织相关企业、合作社，依托电商平台和"万村千乡"农资店、供销合作社农资连锁店、农村邮政局所、村邮站、乡村快递网点、信息进村入户村级信息服务站等，提供测土配方施肥服务，并开展化肥、种子、农药等生产资料电子商务，推动放心农资进农家，为农民提供优质、实惠、可追溯的农业生产资料。发挥农资企业和研究机构的技术优势，将农资研发、生产、销售与指导农业生产相结合，通过网络、手机等提供及时、专业、贴心的农业专家服务，与电子商务紧密结合，加强技术指导服务体系建设，宣传、应用和推广农业最新科研成果。

二、基础设施

基础设施建设是国民经济的基础性、先导性、战略性、引领性产业。基础设施作为现代农村经济社会发展的基础和必备条件，抓好了可以为管理和发展积蓄能量、增添后劲，建设滞后则可能成为制约发展的瓶颈。

一是加强农村宽带、公路等设施建设。完善电信普遍服务补偿机制，加快农村信息基础设施建设和宽带普及，推进"宽带中国"建设，促进宽带网络提速降费，积极推动移动互联网技术应用。以建制村通硬化路为重点加快农村公路建设，推进城乡客运一体化，推动有条件的地区实施公交化改造。

二是提高农村物流配送能力。加强交通运输、商贸流通、农业、供销、邮政各部门和单位及电商、快递企业等相关农村物流服务网络和设施的共享衔接，发挥邮政点多面广和普遍服务的优势，逐步完善县乡村三级物流节点基础设施网络，鼓励多站合一、资源共享，共同推动农村物流体系建设，打通农村电子商务"最后一公里"。推动第三方配送、共同配送在农村的发展，建立完善农村公共仓储配送体系，重点支持老少边穷地区物流设施建设。

经济起飞离不开基础设施建设的助推。其中，经济快速发展和某些区域的成功开发，一条共同的经验就是率先启动规模的基础设施建设，为经济高速增长奠定坚实的基础。农村基础设施的建设，可以有效促进现代农村经济产业管理的融合发展，更好地实施乡村振兴战略。

参考文献

[1] 方天坤 . 农业经济管理 [M]. 北京：中国农业大学出版社，2019.

[2] 方亮 . 新农村文化建设与管理 [M]. 北京：中国社会出版社，2010.

[3] 王关义 . 经济管理理论与中国经济发展研究 [M]. 北京：中央编译出版社，
2018.

[4] 崔国强 . 新农村经济管理手册 [M]. 长沙：湖南科学技术出版社，2007.

[5] 陈潇玮 . 乡村振兴战略下农村产业与空间的转型与发展 [M]. 长春：北方妇女
儿童出版社，2020.

[6] 陈和平，李学蓉，王法章 . 农村经济管理 [M]. 成都：西南交通大学出版社，
2005.

[7] 张启文 . 农业与农村经济发展研究 2020[M]. 北京：中国农业出版社，2022.

[8] 马晓旭 . 农村集体资产管理理论与实务 [M]. 北京：中国农业出版社，2021.

[9] 冯蕾 . 中国农村集体经济实现形式研究 [M]. 北京：新华出版社，2016.

[10] 高建中，杨峰 . 农村经济组织经营管理实务 [M]. 咸阳：西北农林科技大学出
版社，2016.

[11] 郭顺义，杨子真 . 数字乡村数字经济时代的农业农村发展新范式 [M]. 北京：
人民邮电出版社，2021.

[12] 张梅花 . 浅析农业经济管理对现代农村经济发展的促进作用 [J]. 农村经济与
科技，2022，33（20）：71-73.

[13] 方同辉，郑光海 . 现代农村经济管理路径思考 [J]. 山西农经，2016（4）：68.

[14] 王杨鑫，刘谋儒，褚馨茹，等 . 新时代现代农村经济管理现状及对策研究 [J].
新农业，2022（9）：95-96.

[15] 徐水凤 . 现代农村经济管理的核心内容探究 [J]. 河北农机，2021（9）：159-
160.

[16] 刘敏 . 如何做好现代农村经济经营管理工作 [J]. 山西农经，2018（1）：52.

[17] 徐丽红 . 大力发展现代农业促进农村经济增收 [J]. 农家参谋，2017（15）：
　　16.

[18] 侯宇红 . 谈现代农村经济管理的核心内容 [J]. 经贸实践，2017（11）：68.

[19] 任艳芬 . 立足乡镇实际发展现代农业实现农村经济的新发展 [J]. 中国集体经
　　济，2014（33）：1–2.

[20] 徐霞，王维 . 我国新农村经济建设中现代农业物流建设分析及建议 [J]. 中国
　　商论，2016（14）：82–83.

[21] 刘磊 . 农民合作经济组织：现代农村经济发展的助推器 [J]. 商品与质量，2011
　　（S6）：61.

[22] 傅金霞 . 农业机械的推广在现代农村经济发展中的作用 [J]. 北京农业，2013
　　（3）：112.

[23] 房云峰 . 现代农业园区对农村经济发展影响规律的研究 [D]. 淄博：山东理工
　　大学，2022.

[24] 兰彩红 . 我国新型农村金融机构风险管理问题研究 [D]. 长春：吉林财经大学，
　　2016.

[25] 刘宇明 . 转型期农村基层管理体制创新研究 [D]. 长春：吉林大学，2013.

[26] 汪洋 . 依托农村现代远程教育信息平台服务地方农村经济建设的研究 [D]. 南
　　昌：江西农业大学，2013.

[27] 王皓田 . 现代化背景下民族地区农村经济转型研究 [D]. 武汉：中南民族大学，
　　2013.

[28] 金瑞清 . 现代农村经济发展中若干问题研究 [D]. 南京：南京师范大学，2002.

[29] 王梦雪 . 现代农村经济转型研究 [D]. 金华：浙江师范大学，2014.

[30] 张虹 . H 市农村经济合作组织发展中的问题与对策研究 [D]. 合肥：安徽大学，
　　2016.